리더용 Leader's Guide

만나고 싶습니다

소그룹 리더 세우기
Small Group Ministry Leadership Training

연합감리교회 총회 한인목회강화협의회
The United Methodist Council on Korean-American Ministries
General Board of Global Ministries of The United Methodist Church

만나고 싶습니다
Longing to Meet You
Small Group Ministry Leaders Training for Leaders

Copyright © 2009 by Cokesbury Press, First Edition
Copyright © 2012 by The United Methodist Council on Korean-American Ministries, Second Edition
All rights reserved.

No part of this work may be reproduced or transmitted in any form or by any means, electronic or mechanical, including photocopying and recording, or by means of any information storage or retrieval system, except as may be expressly permitted by the 1976 Copyright Act or in writing from the publisher. Requests for permission should be addressed in writing to Cokesbury Press, 201 Eighth Avenue South, Nashville, TN 37203, USA or permissions@cokesbury.com.

ISBN 9781426708466

The Scripture quotations contained herein are from the Revised Korean Version Bible, copyright © 1998 by Korean Bible Society used by permission. All rights reserved.
본서에 사용한 성경전서 개역 개정 한글판의 저작권은 재단법인 대한성서공회 소유로서 허락을 받고 사용했습니다.

Cover Art 'The Last Supper' by Sadao Watanabe © Harue Watanabe
표지작품 저작권 '최후의 만찬' 사다오 와타나베 © 하루에 와타나베

Interior Illustration by Jung Il ©
내지 일러스트레이션 저작권 정일 ©

Cover Art and Interior Illustrations are used by permission of the artists for education resources of the United Methodist Council on Korean-American Ministries.
표지작품과 내지 일러스트레이션은 저작권자의 허락을 받아 연합감리교회 총회 한인목회강화협의회의 교육자료를 위해 쓰여졌습니다.

Design by AmenAd.com
디자인 아멘애드

09 10 11 12 13 14 15-10 9 8 7 6 5 4 3 2 1
MANUFACTURED IN THE UNITED STATES OF AMERICA

글짜인 순서

만나고 싶습니다	………………	5
Intro 1 소그룹사역 리더훈련	………………	6
Intro 2 소그룹사역은 무엇인가?	………………	10
Lesson 1 삶의 나눔 1	………………	26
Lesson 2 삶의 나눔 2	………………	38
Lesson 3 말씀과의 만남 1	………………	46
Lesson 4 말씀과의 만남 2	………………	56
Lesson 5 예배와 섬김 1	………………	68
Lesson 6 예배와 섬김 2	………………	82
Lesson 7 영성과 기도 1	………………	98
Lesson 8 영성과 기도 2	………………	116
Lesson 9 교회와 전도 1	………………	128
Lesson 10 교회와 전도 2	………………	138

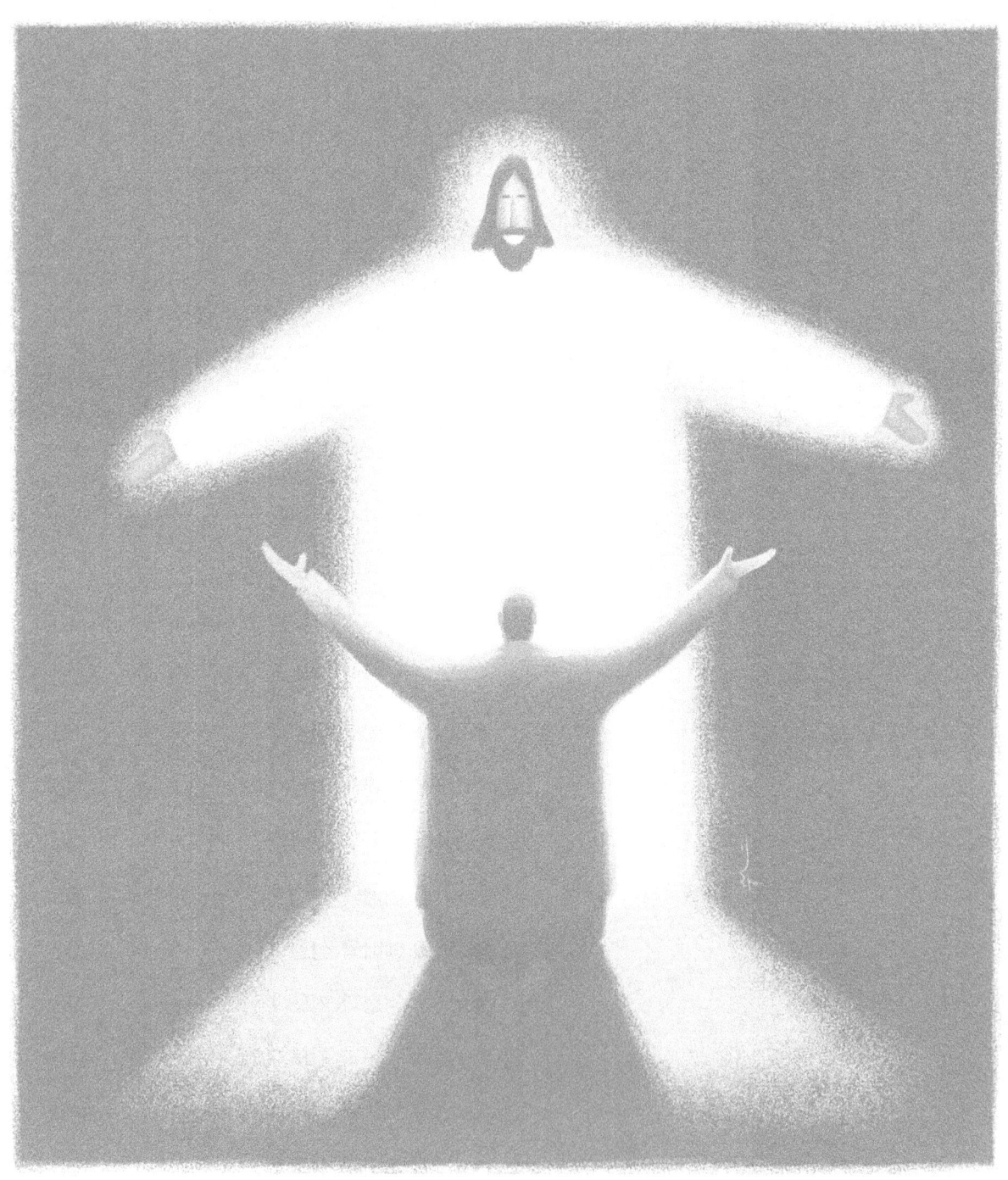

당신을 만나고 싶습니다

아주 오랜 시간 당신을 기다리고 있었습니다. 당신을 만나고 싶었습니다.
우리는 당신이 교회의 리더로 부르심 받은 것을 함께 기뻐합니다.
"세상을 변화시키기 위한 예수 그리스도의 제자 길러내기"를 사명으로
삼고있는 연합감리교회, 우리는 그 선교사명의 실천을 위해 새 교회 개척,
기존 교회 부흥과 성장, 소수민족사역 확대, 목회자와 평신도 지도력 개발,
웨슬리안 모델을 통한 제자화사역, 어린이와 젊은이를 위한 사역, 그리고
지역공동체의 빈곤추방사역 등 주요비전을 추구하고 있습니다.

연합감리교회 총회 한인목회강화협의회(The United Methodist Council on
Korean-American Ministries)는 소그룹사역 강화라는 구체적인 비전을
이루기 위해 연합감리교회 한인총회와 힘을 합해 개체교회의 목회 현장에서
적용할 수 있는 성서적인 원리는 물론 웨슬리 전통, 그리고 한국적 영성이
갖추어진 소그룹 리더를 세우는 사역을 돕기 위해 노력하고 있습니다.
우리는 예수 그리스도를 구주로 고백하는 교회와 성도가 주어진 은사를
발견하여, 그 은사를 배우고 사용하며, 복음을 전파하며 섬기는 제자로서
사역에 참여하는 비전을 함께 나누기 원합니다. 이를 위해 지역사회에 깊게
뿌리내리는 개체교회의 소그룹사역을 위해 지난 몇 년 동안 이 자료를
준비해 왔습니다.

소그룹사역은 연합감리교회의 비전은 물론 한인교회의 장점과 현실을 하나로
묶는 하나님의 은혜의 통로가 될 것입니다. 또한 소그룹사역에 대한
한인연합감리교회의 경험과 훈련은 미국은 물론 전 세계에 흩어진 한인교회와
연합감리교회 전체에 크게 공헌할 수 있는기회가 될 것입니다. 이 소그룹사역
리더훈련은 앞으로 생명력있는 교회를 새롭게 개척하는 사역에도 큰 도움이
될 것입니다. 이 귀한 사역에 부르심을 받은 여러분을 만나게되니
참 반갑습니다. 여러분이 소그룹사역 리더로서 건강하게 자라나 하나님나라가
확장되고 연합감리교회와 여러분이 섬기는 교회를 부흥, 성장, 성숙시키는
축복의 통로로 쓰임받으시길 기원합니다.
진실로 당신을 만나고 싶었습니다. 여러분 반갑습니다.

연합감리교회 총회
한인목회강화협의회

Intro I
소그룹사역 리더훈련
Small Group Ministry Training

Intro 1, 2는 소그룹사역 리더훈련을 위한 개론으로 소그룹사역과 "만나고 싶습니다" 교재에 대한 설명, 소그룹에 대한 성경적 이해, 리더의 역할, 리더의 조건, 소그룹사역의 원리가 담겨 있습니다.

Intro 1은 토론형식으로 내용을 다루는 것이 쉽지 않아 대개 목회자 혹은 인도자가 강의형식으로 진행해야 합니다. 다만 훈련을 시작하면서 참가자들의 소그룹 참가경험, 리더경험, 기쁘고 즐거웠던 점, 어려웠던 점을 나눌 수 있도록 몇 가지 질문을 준비해 주시기 바랍니다.

소그룹사역 리더를 위하여

소그룹사역은 예수 그리스도를 향한 신앙고백을 중심으로 7-12명의 신앙공동체가 정기적으로 모일 수 있도록 돕는 사역을 말합니다. 이를 위한 소그룹사역 리더훈련은 다양한 소그룹사역 즉 예배, 친교, 선교, 전도, 삶의 나눔 등을 인도할 평신도 사역자를 세우기 위한 교육과정입니다. 훈련받은 리더는 소그룹 참가자 사이에서 좋은 관계를 가질 수 있도록 도와주고, 그 날의 성경말씀이나 주제를 소그룹 참가자들의 삶에 비추어 볼 수 있도록 돕는 역할을 합니다.

리더는 소그룹 모임에서 깨닫고 체험한 하나님의 말씀, 그 진리가 섬김으로 연결될 수 있도록 돕는 사람입니다. 더 나아가 새로운 소그룹사역 리더를 세우기 위해 가능성있는 멤버를 찾아 훈련에 참여하도록 격려하기도 합니다. 또한 사랑으로 섬기는 소그룹을 위해 기도하며, 예수 그리스도의 지체로 부르심을 받은 교회를 건강하게 세우기 위해 지속적으로 훈련받게 됩니다.

이것이 "만나고 싶습니다"로 시작하는 소그룹사역 리더훈련입니다.

여러분이 경험한 교회의 소그룹(속회, 구역, 셀교회, 가정교회, 목장 등등)과 교회 밖(가족, 이웃, 직장, 계모임, 동문회, 향우회 등등) 소그룹의 비슷한 점, 차이점에 대해 생각을 나누어 봅시다.

왜 소그룹사역

소그룹에 참여하는 사람들은 예수 그리스도 안에서 함께 모이는 사람들입니다. 물론 아직 예수를 자기 삶의 주인, 그리스도로 만나지 못한 이들이 참여하기도 하지만, 이들에게는 성령님의 도우심을 통해 하나님을 인격적으로 만나는 체험의 통로가 소그룹입니다.
이러한 과정에서 소그룹 참가자들은 삶의 변화를 체험하는 기쁨을 맛보고, 소그룹을 통하여 하나님의 사랑과 은혜를 경험하며 영적으로 성숙하게 됩니다. 바로 성경의 이야기가 오늘 우리 삶의 이야기와 연결되는 장소, 세상에서 그리스도를 증거하며 헌신적으로 살도록 서로 격려하고 도전하는 장이 여러분의 소그룹입니다.

당신에게 교회의 소그룹이 준 긍정적인 경험, 부정적인 경험은 어떤 것이 있습니까?

건강한 소그룹 사역을 위해

개체교회에는 교회의 크기나 지역사회의 특성에 따라 다양한 소그룹이 있습니다.
또한 소그룹의 성격에 따라 훈련내용도 다양하게 준비되어야 합니다.
여기서는 소그룹을 이끄는 평신도를 중심으로 삶의 나눔, 말씀과의 만남, 예배와 섬김, 영성과 기도, 교회와 전도(또 다른 소그룹이 태어날 수 있도록 새로운 영혼을 만나는 것을 목적으로)를 주제로 함께 공부하게 됩니다.
이번 훈련과정에 참여하는 여러분 모두가 건강한 소그룹사역을 위한 신실한 리더로 자라날 수 있기를 바랍니다.

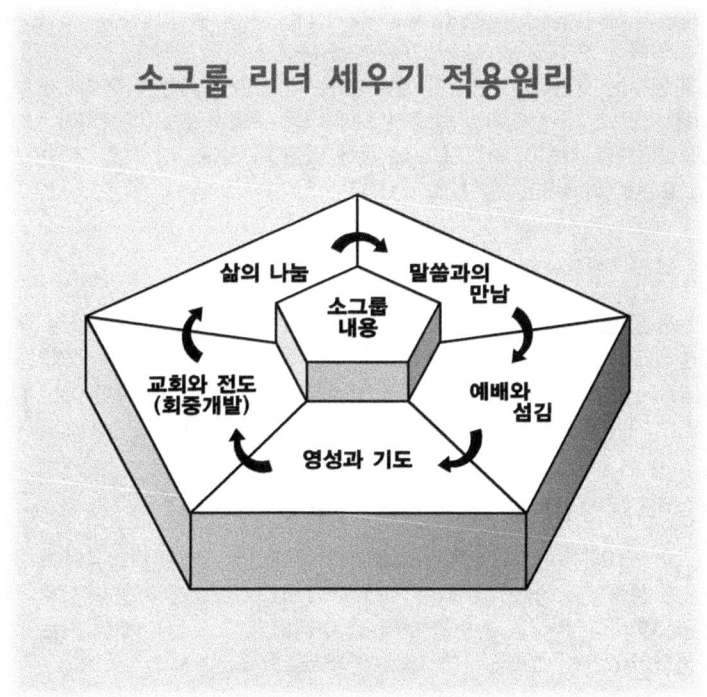

소그룹사역 리더훈련 "만나고 싶습니다"

"만나고 싶습니다"는 웨슬리 신학전통에서 배운 네 가지 중요한 은총의 개념을 한인연합감리교회 신앙공동체 안에서 직접 경험하고 있는 한국적 영성의 실천으로 강조하는 훈련입니다. 은총(은혜)은 우리가 할 수 없는 일을 가능하게 하시는 하나님의 역사하심입니다. 우리가 무엇을 하기 전에 먼저 오신 하나님께서 우리를 만나주시고, 다듬어 가시는 은혜, 그리고 이 땅에 하나님나라를 이루어가기 위해 우리를 들어쓰시는 하나님 안에서 온전한 그리스도인으로 성숙해 가는 당신을 위한 훈련교재입니다. 이러한 신학적 개념들은 "만나고 싶습니다"의 각 단계별 양육과정으로 연결되어 있습니다. 이 훈련과정을 통해 당신은 섬기는 리더로 자라게 하시는 하나님의 은혜를 경험하실 것입니다.

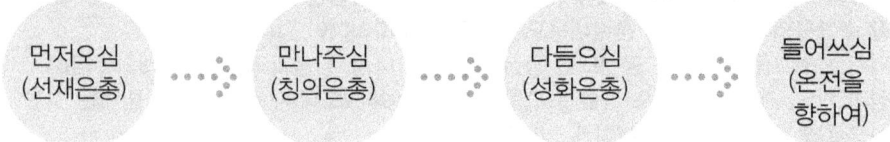

먼저오심 (웨슬리의 '선재은총' Prevenient Grace)

먼저오심은 개인이 하나님을 만나기 전 혹은 찾기 전에 이미 우리에게 다가오신 하나님의 은혜 또는 은총입니다. 먼저오신 하나님의 은총을 통해 죄인의 상태에 있던 개인이 반응을 하고 응답하게 된다는 것입니다. 선지자 예레미야는 이러한 은혜를 이미 "내가 너를 복중에 짓기 전에 너를 알았고, 네가 태에서 나오기 전에 너를 구별하였고"(예레미야 1:5)라는 하나님의 직접화법으로 자신이 어머니의 태 속에 있을 때 하나님이 그를 구원하시기로 작정하셨다고 표현하였습니다. (참고: 에베소서 1:3-6)

만나주심 (웨슬리의 '칭의의 은총' Justifying Grace)

만나주심은 먼저 오신 하나님의 은총에 응답한 개인이 하나님의 '의롭다 하심'으로 인해 새로운 관계를 맺고 거듭남의 자리로 나아가게 되는 은혜입니다. 이제는 죄인이 아닌 하나님의 자녀로서 새롭게 출발하게 될 뿐만 아니라 율법 아래 놓인 자가 아닌 성령의 인도하심을 받는 자유한 사람이 됩니다. (참고: 로마서 8:1-11)

다듬으심 (웨슬리의 '성화의 은총' Sanctifying Grace)

다듬으심은 하나님의 자녀로 새로운 관계를 시작한 개인이 갓난아이, 유년기, 청소년기를 지나 성인으로 성장하고 성숙하게 되는 것과 같이 그리스도의 성숙한 제자로 성장, 성숙해 가는 과정을 뜻합니다. 하나님의 뜻을 보다 잘 이해하고 그 뜻을 이루어 가는 영적성장-성화의 과정이 그것입니다. (참고: 베드로전서 2:1-10)

들어쓰심 (웨슬리의 '온전을 향하여' Christian Perfection)

들어쓰심은 그리스도의 제자가 된 개인이 그리스도의 성품을 닮아 성령의 열매를 맺으며 하나님의 나라를 이땅에 실현하여 감을 의미합니다. 하나님은 개인을 통해, 그리고 교회를 통해 이 세상을 변화시키시고, 그 주역으로서 우리를 부르시고 세상 가운데로 보내십니다. 하나님의 거룩한 꿈을 실현해 가며 하나님께 영광돌리는 과정, 하나님 나라, 그 나라의 백성이 되는 그리스도인의 참된 모습이 완성되어지는 과정입니다. (참고: 갈라디아서 5:22-24)

삶의 현장에서 (웨슬리신앙 전통과 한국적 영성의 실천 Praxis)

삶의 현장에서는 소그룹에 참여하는 개인, 소그룹을 인도하는 리더가 가정, 직장, 자신의 생활현장에서 직접 성경을 통해 배운 교훈을 적용할 수 있는 구체적인 실천의 계획을 세우는 순서입니다. (참고: 야고보서 2:14-26)

"만나고 싶습니다"를 넘어서 (리더훈련을 마친후 Beyond this book)

"만나고 싶습니다"는 소그룹사역 리더를 위한 훈련교재로 속회, 구역, 셀교회, 가정교회, 목장, 어떠한 소그룹사역을 위한 교재로도 사용될 수 있습니다. 이 교재는 소그룹사역 리더들에게 삶의 나눔을 위한 질문만들기, 말씀과의 만남을 위한 묵상, 말씀과 적용, 가정예배, 소그룹 예배, 예배와 섬김, 기도와 전도에 대한 소그룹사역의 다양한 분야를 직접 훈련을 통해 경험하며, 실질적인 사역 준비를 돕게 됩니다. 하지만 여전히 개체교회에서는 "만나고 싶습니다" 훈련 이후 정기적인 소그룹사역 리더훈련과 소그룹 모임 교재가 필요합니다. "만나고 싶습니다"가 적용한 네가지 은총의 개념을 소그룹사역과 말씀묵상에 적용한 말씀묵상집 "기쁨의 언덕으로"가 있습니다. 이 말씀묵상집은 매일 신약과 구약성서 본문을 한 장씩 통독(신약읽기 1년에 한번, 구약읽기 3년에 한번)하며, 묵상하게 되어 있습니다. 또한 성경통독, 말씀묵상 본문과 함께 먼저오심, 만나주심, 다듬으심, 들어쓰심, 삶의 현장에서의 5단계 질문이 포함된 소그룹 교재가 포함되어 있습니다.
또한 "만나고 싶습니다" 웹사이트가 있습니다. 그곳에서는 소그룹 사역 리더를 위한 자료, 소그룹 사역 동영상, "만나고 싶습니다" 동영상 강의, 말씀묵상 자료 등을 찾아 보실 수 있습니다. www.L2MU.org

Intro 2
소그룹사역은 무엇인가?
What is Small Group Ministry?

소그룹의 성서적 배경을 살펴보면서 소그룹 사역의 과거, 현재, 미래의 모습을 함께 나누는 시간입니다. 또한 "만나고 싶습니다"가 소개하는 먼저오심, 만나주심, 다듬으심, 들어쓰심, 삶의 현장에서의 5단계 접근방법을 처음으로 적용해 보게 됩니다.

성경본문: 사도행전 2:22-33, 42-47

먼저오심

예수님을 알기 전에 우리가 겪은 삶의 경험과 고민들을 나누고, 이성과 양심, 근면함 등으로 그것을 해결하려던 시도와 성경적인 해결방법을 비교합니다.

> "주께서 생명의 길을 내게 보이셨으니 주 앞에서
> 내게 기쁨이 충만하게 하시리로다 하였으므로"
> (사도행전 2:28)

1. 신앙생활을 하기 전에 당신은 교회에 대해 어떻게 생각하고 있었습니까?

가장 최근에 교회다니기 시작한 사람의 경험이 구체적일 수 있습니다. 그러나 소그룹 인도자, 혹은 리더가 솔직한 답변을 준비하는 것을 강조해 주십시오.
부정적인 답변과 긍정적인 답이 균형을 이룰 수 있도록 참여자들의 응답을 유도해 주십시오.
그러나 인도자나 리더가 부정적인 의견에 대한 교회의 입장을 일방적으로 설명하거나 답변하는 것은 좋지 않습니다.

2. 당신이 가졌던 기독교인에 대한 긍정적인 생각이나 부정적인 생각에 대해
   나누어 주십시오.

   소그룹 리더는 참여자들이 솔직한 답변을 유도하고, 격려해야 합니다. 정답을 찾아내거나
   일방적인 방향으로 토론이 흘러가지 않도록 해주십시오. 과거의 생각과 현재의 경험담을
   비교할 수 있도록 추가로 질문할 수 있습니다.

소그룹은 적은 수의 사람들이 모이는 사역입니다.

기독교 공동체에는 적어도 세 가지 형태의 모임이 정기적으로 이루어집니다.
멤버 전체가 모이는 대그룹, 소규모로 모이는 소그룹, 그리고 일대일 만남이
그것입니다. 소그룹 모임은 규모가 큰 대그룹 모임에서 이루어지기 힘든
인격적으로 친밀한 만남을 가능케하여 성숙과 돌봄 그리고 회복과 치유가
일어나기에 효과적입니다.

1) 성경에 나타난 두 종류의 모임
▶ "날마다 마음을 같이하여 성전에 모이기를 힘쓰고, 집에서 떡을 떼며 기쁨과 순전한
   마음으로 음식을 먹고, 하나님을 찬미하며 … 구원받는 사람을 날마다 더 하게
   하시니라"(사도행전 2:42-47)
▶ 초대교회에는 두 가지 모임이 있었습니다. 하나는 '성전에서의 모임'이었던 대그룹이고,
   다른 하나는 '가정에서 모여 떡을 떼던' 소그룹모임이었습니다. 초대교회는 이 모임을
   통해 삶을 나누는 신앙공동체로 성장하면서, 예수 그리스도의 복음을 빠르게 전파할
   수 있었습니다.

2) 소그룹의 네 가지 구성요소
소그룹은 가정에서 모여 친밀한 삶을 나누는 공동체였습니다. 이 특성을 통해 소그룹의
네 가지 구성요소를 배울 수 있습니다.
▶ 공동체적 교제: 서로 교제하며 떡을 나누었고 다 함께 있어 물건을 나누었습니다.
   (사도행전 2:42,44)
   리더는 공동체적 삶을 이끌어 가는 사람입니다.
▶ 양육: 사도의 가르침을 받았습니다. (사도행전 2:42)
   리더는 영적 깨달음과 간증이 있어야 합니다.
▶ 찬미와 기도: 기도하며, 성전에 모여 하나님을 찬미하였습니다. (사도행전 2:42,46,47)
   리더는 찬양과 기도를 돕는 사람입니다.
▶ 봉사와 전도: 사람의 필요를 따라 나눠주며, 백성에게 칭찬받는 삶으로 구원의 역사를
   이루었습니다. (사도행전 2:44,47)
   리더는 소그룹이 함께 할 수 있는 사역을 찾아 실천하는 사람입니다.

3) 소그룹은 하나님의 구원과 회복의 계획이 나타나는 공동체 (먼저오심-선재은총)
- ▶ 소그룹은 하나님과의 관계가 회복되어 개인의 구원이 이루어지는 공동체입니다. (만나주심-칭의은총)
- ▶ 소그룹은 은혜로 하나님께 사랑받는 자기 자신을 발견하고 하나님의 형상을 회복해가는 공동체입니다. (다듬으심-성화은총)
- ▶ 소그룹은 영혼구원의 역사와 변화된 삶으로 인해 다른 사람과의 관계가 회복되고, 하나님 나라가 이루어지는 공동체입니다. (들어쓰심-영화은총, 온전을 향하여)

4) 소그룹을 통해 누릴 수 있는 여섯 가지 유익
- ▶ 허물과 실수를 덮어주고, 마음을 터놓을 수 있는 신앙의 친구를 만날 수 있습니다.
- ▶ 인격적 사귐에 대한 갈망을 충족시키며, 인격도 성숙해갑니다.
- ▶ 다른 사람과의 관계를 통해 자신의 모습을 발견하고 과거의 상처를 치유하고, 현재의 문제를 기도로 이겨나갑니다.
- ▶ 다양한 소그룹 만남과 사역은 새롭고 창조적인 신앙활동을 시도할 수 있는 기회를 제공해 줍니다.
- ▶ 자아가 앞서는 자기중심적 모습을 극복하고 함께 사는 공동체 의식이 생겨납니다.
- ▶ 소그룹 멤버 사이는 새로운 가족관계를 형성하여 신앙공동체의 영적경험과 개인의 체험을 하나로 묶어 더 친밀하게 됩니다.

5) 소그룹에 참여하는 사람
소그룹에는 참여하는 사람, 소그룹 멤버와 소그룹을 인도하는 지도력을 부여받은 소그룹 리더가 있습니다. 소그룹 리더는 하나님과 교회로 부터 소그룹 사역을 위해 부름받은 사람으로 책임감 있게 그 사명을 감당해야 합니다. 소그룹 멤버는 신앙공동체의 일원으로 소그룹을 통해 신앙성숙의 기회를 찾고 있는 이들입니다.

만나주심

예수님을 만나고 나서 예수님이 어떤 분인지를 알고 고백하는 과정 입니다.

> "이는 내 영혼을 음부에 버리지 아니하시며 주의
> 거룩한 자로 썩음을 당하지 않게 하실 것임로다"
> (사도행전 2:27)

1. 당신이 처음 예수님을 만난 곳, 장소는 어디 입니까? 그 경험이 당신에게 어떤 신앙고백을 가지게 했습니까?

   예수 그리스도를 인격적으로 만난 경험을 나누는 것은 소그룹 사역에서 매우 중요합니다. 특히 소그룹사역 리더들은 자신의 신앙고백을 간결하면서도 진실하게 나눌 수 있는 훈련이 필요합니다. 시간을 정해주고, 나눔을 가지게 합니다. 다음번 모임에 올 때 자신의 신앙간증문을 작성해서 가져오게 합니다. 목회자나 "만나고 싶습니다" 훈련리더는 그 내용을 읽어보고 간추릴 수 있도록 도와주어야 합니다.

2. 당신이 예수 그리스도를 구주로 고백할 때 당신에게 그 복음을 가르쳐 준 사람, 당신에게 그 복음의 메시지로 사는 모습을 보여준 사람은 누구입니까?

   첫 사랑, 첫 만남의 고백과 경험을 사람, 지도자, 리더와의 만남으로 연결시킬 수 있는 기회입니다. 자신의 신앙에 긍정적인 영향력을 끼친 사람을 기억하고, 그들에게서 무엇을 배웠는지 다시 한번 상기시켜 주어야 합니다. 소그룹사역 리더는 이러한 긍정적인 신앙의 영향력을 끼치는 사람이어야 함을 강조해 주십시오.

소그룹은 삶이 만나는 곳입니다
하나님께서 당신을 그곳의 리더로 부르셨습니다

소그룹 안에서는 진실한 삶의 나눔과 사귐, 하나님을 만난 경험이 나뉘어져야 합니다. 그렇지 않으면 소그룹 모임에서 피상적이고 얕은 수준의 교제만 이루어지게 될 뿐입니다. 예수를 만난 사람들의 삶, 변화, 회복, 치유를 함께 경험하는 소그룹이 되기 위해서는 말씀과 삶의 현장이 연결되는 삶의 나눔이 반드시 있어야 합니다. 리더는 그 현장에서 소그룹 멤버들의 삶을 어루만지는 사람입니다.

▶ 소그룹에서 변화란 인격의 성숙과 성장을 의미합니다.
오직 진리의 말씀, 하나님의 말씀을 중심으로 교제가 이루어질 때에 변화가 가능합니다. 살아있는 하나님의 말씀이 우리의 삶의 현장에서 역사하는 경험이 인격을 변화하게 합니다. 그러므로 소그룹 안에서 나누어지는 진리의 말씀은 항상 현실과 연결되어야 합니다. 그것을 돕는 것이 삶의 나눔입니다.

▶ 소그룹에서 경험하는 회복은 관계의 회복을 의미합니다.
하나님과 멀리 떨어져 있던 관계, 진리의 말씀이 현재 우리의 삶과 거리가 있는 이유, 이웃을 사랑하지 못하는 관계가 삶의 나눔을 통하여 도전받게 됩니다. 하나님과 친밀한 관계가 회복하게 되어야 가족, 이웃과의 관계도 회복될 수 있습니다. 삶의 나눔은 말씀을 통한 자기 자신의 회복, 하나님과의 관계회복, 이웃과의 관계회복을 가능하게 해줍니다.

▶ 소그룹에서 치유가 일어납니다.
소그룹 모임에서 진리의 말씀에 근거하여 삶을 나누다보면 내적치유는 자연스럽게 일어납니다. 상한 감정이나 마음의 쓴뿌리가 말씀을 통한 교제 속에서 치유됨으로써 건강한 삶이 회복됩니다.

소그룹사역에서 리더에게 필요한 것

소그룹 안에서 변화와 회복 그리고 치유를 경험하기 위해서는 리더의 역할이 절대적으로 중요합니다. 리더가 소그룹 멤버의 삶을 이해하고 진리의 말씀을 진지하고 효과적으로 다룰 수 있기 위해 다음의 내용들을 주지해야 합니다.

▶ 분명한 목표의식을 가져야 합니다.
분명한 목표의식은 소그룹사역의 방향과 태도를 결정합니다. 우리가 소그룹으로 모이는 이유는 예수 그리스도를 알지 못하는 사람들에게 그리스도를 소개하고, 그리스도를 이미 아는 이들에게 그분을 닮아가며 그 안에서 삶의 의미와 목표를 발견하여 하나님의 영광을 드러내는 삶을 살도록 돕기 위함입니다. 우리가 소그룹 안에서 삶의 나눔을 중요하게 여기는 이유가 이것입니다.
그렇기에 리더는 단순히 준비된 내용을 전달하는 사람이 아니라 삶을 나누는 일을 돕는 여행길의 친구가 되어야 합니다. 그러나 분명한 계획과 목적의식이 있는 친구, 그 길의 방향각을 확실히 알고 있는 친구입니다.

▶ 멤버의 삶과 그들의 필요에 민감해야 합니다.
대그룹과 달리 소그룹에서는 개인의 필요가 다루어질 수 있습니다. 그러므로 리더는 소그룹에서 나누는 대화에서 각 개인의 필요와 상황에 민감해야 합니다. 삶을 다루는 일은 소그룹 모임의 '삶의 나눔' 시간에만 일어나는 것이 아니라 삶의 현장에서 연속적으로 일어나기 때문입니다. 이를 위해 리더는 목자의 심정으로 소그룹 멤버를 섬기며 개인적인 만남을 지속할 필요도 있습니다. 이것은 헌신이고 사랑입니다. 이러한 조건없는 섬김이 소그룹 리더를 신앙의 길에서 만난 믿을만한 사람으로, 참다운 지도자로 서게 합니다.

▶ 좋은 질문을 준비해야 합니다.
삶을 함께 나누기 위해서는 좋은 질문이 필요합니다. 이 질문은 삶의 문제를 드러내기도 하고 깊이 생각하게 만들기도 합니다. 삶을 다루는 질문을 던지려면 성령의 인도하심에 민감해야 합니다. 소그룹을 인도하다 보면 성령께서 주시는 배움의 순간, 치유의 순간들을 경험하게 됩니다. 리더는 그러한 순간들을 놓치지 않도록 영적으로 민감해야 합니다.
질문을 만드는 방법은 다음 과에서 다루도록 하겠습니다.

▶ 멤버들이 안전하고 편안한 느낌을 가질 수 있는 분위기를 만들어야 합니다.
   1) 소그룹에서 깊이 있는 삶의 이야기들, 감정적인 부분까지도 나누려면 정서적으로 편안한 분위기가 형성되어 있어야 합니다.
   2) 어떤 이야기를 하더라도 안전하고 보호받을 수 있는 신뢰관계가 먼저 형성되어야 합니다. 이러한 신뢰는 시간과 노력이 투자되어야 가능합니다. 한, 두번의 만남으로 이런 분위기를 조성할 수 있는 것이 아닙니다.
   3) 이를 위해 리더는 신뢰받을 만한 사람이어야 합니다. 어떤 상황과 조건속에서도 멤버를 판단하지 않는 사람, 무슨 이야기를 나누어도 비밀을 지킬 수 있는 사람, 이러한 신뢰의 대상이 되는 것은 하나님의 도우심이 필요하고, 리더의 기도, 사랑, 정성이 필요합니다.
   신뢰가 커질수록 리더의 영향력도 커져갈 것입니다.

효과적인 소그룹 모임을 위해 이런 리더가 되어야 합니다

▶ 목자의 마음으로 기도하고 사랑해야 합니다.
▶ 리더입니다. 정답발표자가 아닙니다.
▶ 일방적으로 가르치는 성경교사가 아닙니다.
▶ 스스로가 가르침을 잘 배울 수 있어야 합니다.
▶ 준비한 만큼 열매를 거둡니다. 모임에 앞서 미리 준비해야 합니다.
   - 영적준비를 합니다. (기도하기, 멤버, 전도대상자 초청하기)
   - 내용을 준비합니다. (모임순서 – 주제, 시간, 지원그룹 역할분담)
   - 환경을 조성합니다: 원형으로 좌석배치, 빈 의자 하나, 꽃병과 같이 시선을 방해하는 물건 치우기, 애완동물 및 전화기 사전조치, 음식 혹은 다과는 간단하게 미리 준비해 놓기.

소그룹사역은 무엇인가? | 17

다듬으심

예수님을 만난 후 삶의 우선순위와 관점, 꿈이 어떻게 바뀌었는지 혹은 어떻게 바뀌어야 하는 지를 깨닫고, 실제로 바꾸어 가는 과정입니다.

> "날마다 마음을 같이하며 성전에 모이기를 힘쓰고 집에서 떡을 떼며 기쁨과 순전한 마음으로 음식을 먹고" (사도행전 2:46)

1. 마음을 같이한다는 것은 무엇을 의미합니까? 소그룹에서 마음을 같이하는 것이 쉽지 않은 이유는 무엇입니까?

   교회 안에서 생각과 견해가 달라서 그것이 문제가 된 경험이 있습니까? 마음을 같이하는 경험을 나눌 수 있도록 리더의 경험을 준비해야 합니다. 마음이 맞지 않을때 그것을 어떻게 극복할 수 있었는지 나누어 주십시오.

2. 모이기를 힘쓰고, 집에서 떡을 떼는 기쁨이 당신의 소그룹에 있습니까? 음식을 나누고, 자신의 집을 다른 소그룹 멤버들에게 여는 것을 부담스러워하는 이들을 당신은 어떻게 도울 수 있습니까?

   소그룹 사역을 처음 시작할 때 벽으로 느끼는 것이 얼마나 자주 모이는가? 집에서 모일 수 있는가의 문제입니다. 리더들의 경험담을 나누고 현실적인 방법을 찾아 보아야 합니다. 어려움의 극복과정과 사례를 나누어 주십시오.
   이미 교회의 평신도 리더들은 새벽기도회와 수요, 금요, 주일 예배, QT나눔방, 속회 혹은 소그룹 모임에 참여하고 있습니다. 이들에게 소그룹 사역과 모이기를 힘쓰는 과정에서 경험하는 구체적인 기쁨과 보람을 나눌 수 있어야 합니다.

소그룹은 언약이 이루어지는 곳입니다

소그룹 모임을 더 풍성하게 하기 위해서는 모든 이들이 참여하는 언약(약속)을 함께 만드는 것이 중요합니다. 이 언약은 소그룹 멤버 한 사람, 한 가정마다 성장하고, 성숙할 수 있도록 돕는 은혜의 수단이 되어야 합니다. 일방적으로 모임을 위한 약속을 정하여 지시하기보다 이 과정에 소그룹 멤버들이 함께 참여하는 것이 필요합니다.

▶ 소그룹은 언약을 통해 맺어진 공동체입니다.
소그룹을 부르신 하나님께서 이 모임을 성숙하고 풍성하게 하기 위해 참여하는 모든 이들이 언약(약속)을 만드는 과정이 있어야합니다. 교회가 제시하는 가이드 라인이나 피상적인 약속보다 구체적이고 현실적인, 즉 실현가능한 약속을 함께 정하는 것입니다. 또한 소그룹에 대한 솔직한 기대와 걱정까지 나눌 수 있어야 합니다.

▶ 하나님은 그룹과 언약을 맺으십니다.
소그룹이 맺은 언약은 하나님께서 리더는 물론 공동체 멤버들과 함께 맺으시는 것입니다. 소그룹 모임에서 언약과 그러한 약속을 지키는 삶에 대해 강조하고, 지속적으로 상기하는 것은 그 소그룹을 건강하게 유지해 줍니다. 다시 말해, 하나님께서 소그룹의 리더요, 권능자라는 것을 날마다, 달마다, 해마다 끊임없이 기억하는 것은 참여하는 멤버들의 소그룹에 대한 성격과 태도를 결정하게 됩니다.

▶ 리더는 선택받아 하나님과 언약을 맺은 사람입니다.
하나님은 리더를 세우심으로 그룹을 부르십니다. 리더는 소그룹에 속한 멤버들의 영적 상태에 관심을 기울이고, 소그룹을 통해 그들이 영적으로 자랄 수 있도록 돕는 역할을 감당합니다.
리더는 멤버들이 하기 힘든 일을 대신해 주는 과정을 통해 신뢰를 쌓게되고, 그 일을 함께 하는 과정과 그 일을 할 수 있도록 돕는 과정을 거쳐 관계 가 깊어지며, 그 일을 책임질 수 있는 멤버를 양육하게 됩니다. 하나님은 다른 사람들과 복된 일을 나누는 비전을 가진 리더들을 통해 더욱 많은 사람들을 부르십니다.

소그룹 사역을 위한 십계명

- ▶ 소그룹에는 많은 리더들이 있을 수 있지만, 오직 하나님만이 우리 소그룹의 진정한 리더입니다. (출애굽기 20:3)
- ▶ 소그룹은 전능하시며 무소부재하신 창조주 하나님의 관점과 방법으로 모든 것을 분별해야 합니다. (출애굽기 20:4)
- ▶ 소그룹은 신실한 믿음과 열정으로 하나님만을 드러내야 합니다. (출애굽기 20:7)
- ▶ 소그룹은 공동체로 하나님과 만나기 위해 일정한 시간을 우선적으로 할애해야 합니다. (출애굽기 20:8)
- ▶ 소그룹은 하나님 안에서 한 가족으로서 서로의 품위를 지켜주고, 예의를 지켜야 합니다. (출애굽기 20:13)
- ▶ 소그룹은 삶의 현장에서 경험하는 실질적인 문제들을 정직하게 나누며 갈등과 분노를 다루는 과정을 실천하며 고백과 용서를 실천합니다. (출애굽기 20:13-16)
- ▶ 소그룹은 가정을 바로 세우며, 남자와 여자 사이의 올바른 대인관계를 지향합니다. (출애굽기 20:14)
- ▶ 소그룹은 다른 구성원들을 진실하게 사랑하고, 서로의 비밀이 보장되는 정직한 대화를 할 수 있도록 격려합니다. (출애굽기 20:16)
- ▶ 소그룹은 자신이 누구인지 깨닫고 각자 자신들의 시간과 공간을 공정하게 나누고 서로 존중하며 대화하는 연습을 함께합니다. (출애굽기 20:17)
- ▶ 소그룹은 모든 구성원들의 은사와 그것을 나누기 위한 봉사, 그리고 공동체 밖의 사람들과 함께 살아가는 법을 실천해야 합니다. (출애굽기 20:17)

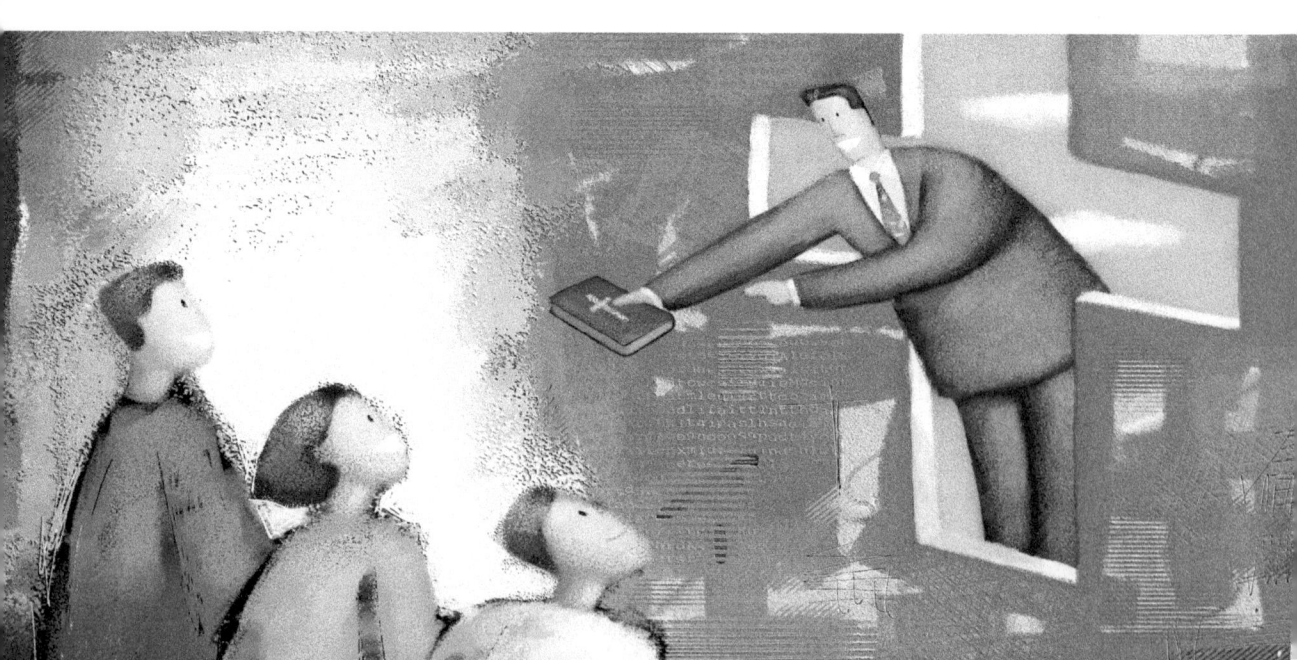

 ## 들어쓰심

하나님께서 우리를 다듬으신 이유는 우리에게 주신 삶의 목적에 따라 헌신하고 계획하며 동역자들과 함께 나누고 섬기는 삶을 살게 하기 위함임을 고백합니다.

> "하나님을 찬미하며 또 온 백성에게 칭송을 받으니 주께서 구원 받는 사람을 날마다 더하게 하시니라" (사도행전 2:47)

1. 오늘날 교회가 세상사람들에게 칭찬받지 못하는 이유는 무엇입니까? 전도가 쉽지 않은 이유는 무엇입니까? 오늘 당신이 찾아가야 할 사마리아 여인은 누구입니까? 그리고 무엇을 전하겠습니까?

   교회 다니는 사람들과 세상사람들과 구별이 없습니다. 교회 안과 밖의 이혼율의 차이가 없으며, 세상에서 말하는 성공의 가치와 교회에서 강조하는 성공의 가치가 동일하게 여겨질 때가 많습니다. 교회의 분열, 물질중심주의, 신앙인과 교회 지도자의 부정과 죄악, 실책이 공공연합니다.

2. 초대교회가 하나님을 찬미하며 온 백성에게 칭송받은 이유는 무엇이겠습니까?

   기도하기를 힘쓰니라 42절, 기사와 표적이 많이 나타나니 43절, 모든 물건을 서로 통용하고 44절, 재산과 소유를 팔아, 각사람의 필요를 따라 나눠주며 45절, 날마다 마음을 같이하며 46절, 당신이 섬기는 교회가 다른 사람들에게 칭찬받을 만한 일을 하고 있는 것은 무엇입니까?

3. 당신의 소그룹에서 경험한 칭찬받을 만한 일은 무엇입니까?

   소그룹의 섬김과 봉사에 대해 나눕니다.
   교회 내부에서 하는 섬김을 어떻게 교회 밖으로 연결시킬 수 있는지 그 아이디어를 나누어 주십시오.

소그룹은 전도가 시작되는 곳입니다.

소그룹은 전도라는 농사를 함께 짓는 곳입니다. 농사는 그 과정이 참 중요합니다. 농사는 혼자 짓는 것보다 여럿이 힘을 합할수록 더 수월하고 수확도 많습니다. 전도도 멤버들이 함께 힘을 합칠 때 그 효과는 배가됩니다. 전도는 즉각적이고 즉흥적인 것이 아니라, 정성과 땀방울이 필요합니다.

1) 소그룹 모임을 옥토로 만들기

농사에는 씨와 밭이 필요합니다. 마찬가지로 우리는 소그룹에서 복음이라는 가장 소중한 씨를 가지고 있지만, 항상 밭이라는 객관적인 조건을 가지고 있습니다. 전도를 위해서는 먼저 소그룹 내의 부정적이고 배타적인 단단한 마음의 밭을 갈아엎고, 걸림돌과 가시를 제거하여 복음의 씨가 뿌려질 옥토를 만들어야 합니다. 소그룹 모임을 옥토로 만들기 위해서는 주님이 조건없이 우리를 사랑하여 주시듯 우리도 서로 지속적으로 사랑하고, 섬기고, 축복하고, 도우며, 관계를 세워가야 합니다. 이 모든 과정은 만남과 대화, 나눔을 통해 이루어집니다. 소그룹 내에서는 변론이나 변명, 비판의 말대신 칭찬, 긍정, 격려, 위로, 축복, 희망의 대화가 나누어져야 합니다. 특히 전도를 위해 소그룹 리더는 믿음을 나누고, 복음을 전파한 경험이 있어야 합니다. 성공과 실패를 함께 경험한 살아있는 전도체험이 다른 멤버들에게도 도전이 됩니다.

2) 전도 대상자 선정하기

전도에 있어서 대상자를 어떻게 선정하느냐가 중요합니다. 전도 대상자는 최소한 1주일에 한 번 정도 교제를 나눌 수 있는 사람이어야 합니다. 그럴때 그 사람과 신앙의 관계를 맺을 수 있으며, 나의 삶과 신앙을 나눌 수 있습니다. 전도대상자는 내 생활 가까이(가정, 친척, 직장동료, 이웃, 거래처, 동호회 등)에서 찾는 것이 좋습니다.

3) 멤버들이 함께 기도하기

전도는 기도하는 만큼 수확을 거둘 수 있습니다. 기도없이 개인적인 관계로 한 두 번은 교회에 올 수 있지만, 이런 방문을 통해 신앙공동체에 정착하기는 쉽지 않습니다. 때문에 소그룹 모임에서 전도하기로 결심한 멤버와 전도대상자에 대한 합심기도가 중요합니다. 함께 기도한 후에는 전도한 사람과 전도대상자에 대한 사후 점검도 중요합니다. 이것은 리더의 역할이며, 소그룹 전체가 지속적으로 기도하고, 흐지부지 않도록 돕는 역할을 해야합니다.

4) 초청하기

초청은 소그룹이 옥토와 같이 만들어지고, 멤버들의 관계가 바로 세워진 후 부담없이 편안하게 이루어져야 합니다. 심리학적으로 사람은 어디를 가나 아는 사람이 4-5명만 있으면 낯설어 하지 않고 쉽게 소속감을 갖습니다. 때문에 교회에 거부감이 있거나 낯설어 하는 전도 대상자를 소그룹으로 먼저 초청해서 관계를 형성한 다음, 교회로 인도하게 되면, 전도대상자는 교회에서 쉽게 정착할 수 있습니다. 또한 교회로 먼저 방문하거나 찾아온 새가족의 경우에도 목회자와 의논하여, 소그룹을 방문하거나 참여할 수 있도록 기회를 제공해야 합니다. 이러한 과정에서 신뢰와 친밀한 관계를 맺을 수 있도록 돕는 것이 소그룹사역 리더의 역할입니다.

5) 전도에서 분가까지

소그룹 모임을 통해 개인적인 신앙의 성숙과 성장이 이루어진다면 이것은 소그룹 전체의 질적, 양적 성장으로 연결됩니다. 이러한 성장의 열매는 소그룹의 분가로 맺어지게 됩니다. 분가를 위해서는 리더와 새로운 리더로 훈련받아야 할 사람이 준비되어야 하며, 교회와 소그룹 사역의 귀한 열매로 축하할 수 있어야합니다. 분가를 위해 소그룹은 함께 기도하며 새로운 리더가 훈련받고, 진정한 리더의 역할을 할 수 있도록 도와야합니다. 또한 분가하는 소그룹을 위해 어떻게 도울 수 있는지 의논해야 합니다. 분가는 소그룹사역의 또 다른 열매입니다. 새가족이 또 다른 새가족을 전도하도록 하며, 소그룹이 또 다른 소그룹으로 분가하는 것이 소그룹 사역의 방향이 되도록 지속적인 도전이 필요합니다.

삶의 현장에서

"삶의 현장"에서는 소그룹에 참여하는 개인, 소그룹을 인도하는 리더가 가정, 직장, 자신의 생활현장에서 직접 성경을 통해 배운 교훈을 적용할 수 있는 구체적인 실천의 계획을 세우는 순서입니다.

1. 당신이 경험한 삶의 변화에 누가 긍정적인 영향력을 주었습니까? 그 사람에게서 당신이 배운 것은 무엇입니까?

   교회에서 만난 구체적인 사람을 소개해 주십시오. 현재 교회에서 알고 있는 사람을 소개할 때 그 사람에 대한 일방적인 칭찬이 되거나 다른 사람들에게 질투가 생겨나지 않도록 주의해야 합니다.
   은퇴하고 새로운 곳에 이사하면서 교회에 출석하기 시작한 성도가 있습니다. 많이 배운 사람들이었지만 부부가 함께 봉사할 만한 자리를 찾기 위해 기도했고, 가장 도움이 필요하지만 손길이 귀한 곳에서 사역하기를 원했습니다. 봉사하기 위해 다른 사람을 먼저 배려하고, 목회자에 대한 신뢰와 기도로 관계를 맺기 원한 그 분을 통해 목회자는 보람을 느끼고 큰 힘을 얻게 되었습니다.

2. 오순절 성령강림 현장(사도행전 2:1-13)의 기록이 소그룹 리더로 섬기는 당신에게 어떤 도전을 주고 있습니까?

   성령의 충만함 (4절)은 무엇입니까?
   성령의 은사(고린도전서 12:4-11, 로마서 12:6-9)와 성령의 열매(갈라디아서 5:22-26)에 대한 성경본문을 직접 찾아봅니다.
   소그룹 리더에게 꼭 필요한 은사는 무엇인가 토론해 봅니다.

3. 당신이 속한 소그룹(속회, 구역, 셀교회, 가정교회, 목장 등)의 구성, 도전과 성공, 그리고 기도제목에 대해 나누어 주십시오.

   현재 자신이 속한 소그룹에 대해 소개하게 합니다. 소그룹 사역에서 경험하는 보람과 어려운 점을 함께 나누고, 훈련에 참가한 리더들이 함께 기도할 수 있게 합니다. 훈련에 참가한 사람들의 숫자가 많으면 두 사람씩 짝을 지어 함께 나누고 두 사람이 함께 훈련기간동안 기도파트너가 되도록 묶어 주십시오. 평상시에 가까운 사람들이 아닌 리더와 함께 기도할 수 있도록 미리 짝을 지을 수도 있습니다.

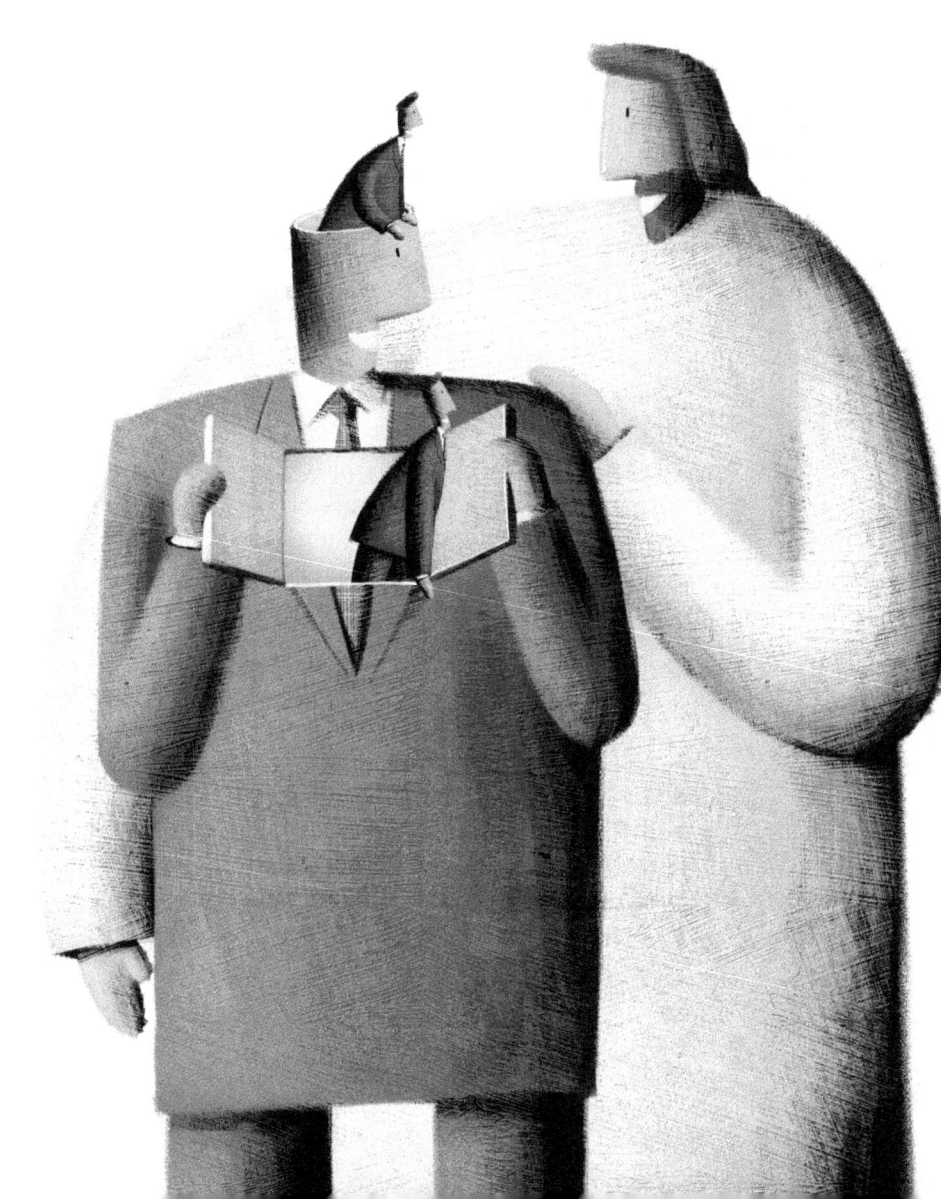

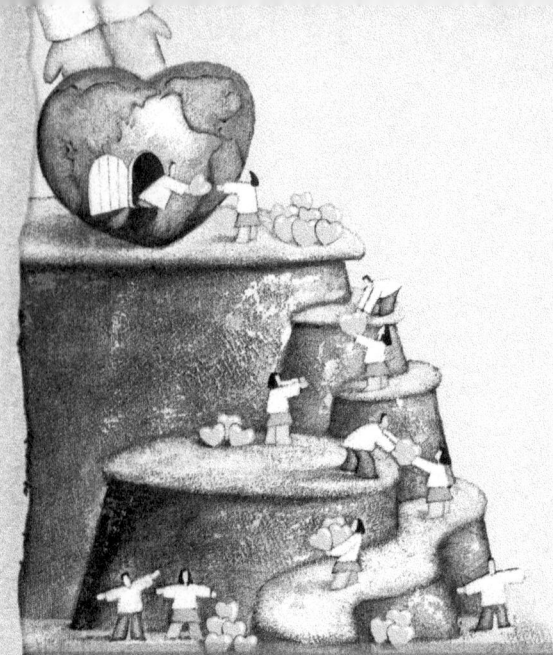

Lesson 1

삶의 나눔 1
Sharing Life Journey 1

삶의 나눔 첫번째 훈련은 소그룹사역을 위한
실제적인 지침과 '삶의 나눔'시간을
인도하기 위한 훈련입니다.
소그룹사역 리더들은
'삶의 나눔'을 위한 질문을 만들어 보고,
그것을 직접 토론에 사용해봅니다.

성경본문: 요한복음 14:1-12

삶의 나눔이란

삶의 나눔은 7-12명 정도의 사람이 소그룹으로 모여서 대화를 나누는 형식으로 진행하며, 그 대화가 삶의 경험에 근거해서 나누어지기에 "삶의 나눔"이라고 합니다. 삶의 나눔은 지난 날 혹은 현재 경험하고 있는 하나님에 대한 이야기, 자신의 삶의 자리에서 경험하는 도전을 신앙으로 이겨낸 이야기, 성공과 실패의 경험담 등 다양한 삶의 이야기를 나누는 시간입니다.

삶의 나눔을 위한 원리

▶ 돌아가며 많은 사람들이 참여하도록 인도합니다.
▶ 억지 참여나 답변을 강요하지 않습니다.
▶ 리더 혹은 지원그룹에서 구체적인 삶의 나눔을 시작합니다.
▶ 대화를 먼저 이끄는 지원그룹을 세웁니다. (1-2명).
▶ 예/아니오의 단답형 질문을 피하고, 참여를 이끌어 낼 수 있는 질문을 준비합니다.
▶ 소그룹은 성경공부 모임이 아니라 삶의 나눔이 이루어지는 곳 입니다.

소그룹 리더 당신에게 필요한 것

▶ 상대방의 발언을 존중하는 문화/습관이 필요합니다 – 모든 발언자는 자신이 하는 말은 물론 자기 자신이 소그룹 내에서 받아들여지고 있다는 느낌을 가질 수 있어야합니다.
▶ 리더는 상대방의 발언을 존중하는 표현을 보여주어야 합니다.
▶ 말로만 대화하는 것이 아닙니다. 몸으로 하는 대화 (Body Language)
ㄱ) 대화하는 사람과 눈을 맞추며 듣습니다.
ㄴ) 고개를 끄덕여 줍니다.
ㄷ) 미소나 진지함, 긍정의 표정을 사용합니다.
▶ 대화중 성급하게 결론을 내려서는 안됩니다. 소그룹 멤버의 진지한 고백이 중단되지 않도록 주의해야 합니다.
▶ 함부로 판단하지 말아야 합니다 – 다른 사람의 이야기나 상황을 듣는 이들이 주관적으로 판단해서는 안됩니다.
▶ 같은 소그룹 내에 부부가 있다면 부부, 혹은 다른 커플 사이에 다툼이 일어나지 않도록 특별히 배려해야 합니다.
▶ 때로는 소그룹이 감당하기 힘든 민감한 고백은 중단시키는 지혜가 필요합니다.
▶ 소그룹은 안전한 공간이며 비밀이 지켜져야 합니다.
▶ 소그룹멤버를 향한 직접적 비판이나 험담은 금지되어야 합니다.
▶ 특정한 소수가 토론을 이끌어가는 대화독점 금지가 명시되어야 합니다.
▶ 모임 순서 작성 배부 – 오늘의 대화 주제, 내용, 소요시간을 분명하게 밝혀 불필요한 토론으로 시간이 낭비되지 않도록 이끌어야 합니다.

삶의 나눔 질문

삶의 나눔에 사용하는 질문들은 그날의 성경본문을 근거로 만들어져야 하며, 먼저오심, 만나주심, 다듬으심, 들어쓰심, 삶의 현장에서의 순서로 구성할 수 있습니다.
"만나고 싶습니다"는 이러한 5단계의 질문을 통해 여러 주제를 공부하면서 소그룹사역 리더들에게 다양한 질문을 경험하고, 질문을 직접 만들 수 있도록 디자인 되었습니다.
준비된 모든 질문들을 훈련과정에서 모두 토론해야 하는 것은 아닙니다. 교재의 질문은 여러분의 훈련과 경험을 위해 적정한 소모임 모임시간 이상으로 준비된 것입니다.
실제 소그룹 모임에서도 준비된 질문을 반드시 모두 토론해야 하는 것은 아닙니다. 어떤 날은 질문을 거의 소화하는 경우도 있고, 다른 날은 두,세가지 질문으로 소모임을 마감할 수도 있습니다. 다만 질문들은 성경본문이 제시하는 하나님 이야기(복음)가 우리 삶의 이야기와 만나는 연결점을 찾도록 도와주는 것이어야 합니다.

질문만들기

소그룹사역 리더는 좋은 질문을 찾고 직접 만드는 연습과 훈련을 거쳐야 합니다.

1. 성경본문에서 쉽게 만들수 있는 질문에서 시작합니다. (본문에서 이 사람은 무엇을 하고 있습니까? 어디에 있습니까? 왜, 언제, 어디서, 무엇을, 어떻게, 누가 등등)
2. 소그룹교재의 본문을 한 주간 깊이있게 묵상하며, 교재에 준비된 질문에 답을 준비합니다.
3. 묵상을 통해 준비된 질문과 다른 가능성의 문을 열어놓고 소그룹 멤버들을 가슴에 품고 기도하며, 다른 방향의 질문도 만들어 봅니다. 때로는 준비된 질문의 의도와 전혀 다른 방향으로 토론이 전개될 수도 있기 때문입니다.
4. 당일 소그룹모임에서 꼭 다루어야할 주제를 다루기 위해 준비된 교재의 질문을 잘 활용하는 것이 기본입니다.
5. 이미 준비된 질문에서 연결될 수 있는 추가질문을 준비하였다가 소그룹의 처지와 조건, 멤버를 위한 토론이 가능하도록 이끌어야 합니다.
6. 먼저오심, 만나주심, 다듬으심, 들어쓰심, 삶의 현장에서의 5단계 질문과정을 익숙하게 익히고 다양한 질문으로 토론하는 훈련이 필요합니다. (다음 과정에서 직접 경험해 보게 됩니다)
7. 참여를 이끌어내는 질문을 만들어야 합니다. "예" "아니오"를 유도하는 단답형 질문은 피하고, 소그룹 멤버들의 생각을 자극할 수 있는 열린 질문을 준비해야 합니다.
   잘못된 질문의 예 – "엘리야는 어디서 죽기를 간구했나요?"
   좋은 질문의 예 – "엘리야는 로뎀나무 아래서 죽기를 간구했습니다.
   오늘 당신의 로뎀나무는 어디입니까?"
8. 소그룹에서 엉뚱한 방향으로 토론이 흘러가고 있을 때 원래 준비한 주제로 다시 돌아올 수 있어야 합니다. 미리 준비된 교재의 질문으로 돌아오는 것이 좋습니다.
9. 창조적인 소그룹 모임을 위해 그날의 주제를 잘 설명할 수 있는 신문기사, 잡지, 광고, 동영상 등을 보여준 후 소그룹멤버들이 직접 질문을 만드는 경험도 필요합니다.
10. 효과적인 질문만들기 연습을 위해 목회자의 주일예배 설교를 요약하고, 설교자가 던진 질문을 리더가 속한 소그룹에 맞는 질문으로 만들어 봅니다.

▶ "만나고 싶습니다" 교재는 다양한 내용과 형식의 질문을 소개하여 소그룹리더인 여러분에게 질문을 만들기 위한 연습기회를 드립니다.
훈련과정에서 교재의 모든 질문을 토론하셔야 하는 것은 아닙니다.
훈련에 참여하는 리더, 소그룹토론의 규모에 따라 질문 내용과 숫자를 조정해야 합니다.

▶ "만나고 싶습니다" 소그룹사역 리더훈련에서 당신이 속한 그룹이 만든 질문을 다른 그룹에서 토론할 수 있도록 하고, 당신의 의도와 참석자들의 토론방향을 확인해 봅니다.

삶의 나눔 질문만들기 연습

성경본문: 요한복음 14:1-6

제목: 예수 그리스도는 나의 길

먼저오심

먼저오심의 질문은 자신의 삶과 성경본문을 연결하도록 도와주는 질문이며, 소그룹 모임을 시작하며 누구나 쉽게 마음의 문을 열 수 있는 아이스브레이크 형태의 질문이 될 수도 있습니다. 다만 부담없는 질문을 찾으려다 성경적인 삶과 우리 삶의 문제가 분리되지 않도록 주의해야 합니다.

웨슬리가 가르친 선재은총은 예수님을 알기 전에 우리가 겪은 삶의 경험과 고민들을 이성과 양심, 근면함으로 해결하려고 했던 인본주의적 시도와 우리가 인지하기 전에 이미 베풀어진 하나님의 은혜에 기초한 성서적인 삶을 비교할 수 있는 질문이 되어야 합니다.

1. (당신은 언제, 어떻게) 길을 잃어 버린 경험이 있습니까?
   예/아니오 대답을 유도하는 질문은 좋은 질문이 아닙니다.

2. 도마가 주님 가시는 길을 모른다고 말했는데 당신은 어디서 길을 잃어 버린 경험이 있습니까?
   구체적인 사례, 삶의 경험을 나눌 수 있는 질문입니다.

3. 길을 잃어버렸을 때 당신이 기억하려고 했던 것은 무엇입니까?
   길을 잃어버린 당사자는 처음에는 이해하지 못했지만 길에는 이미 이정표, 신호, 길을 알려줄 수 있는 사람들이 있었음을 기억하게 하는 질문입니다.

4. 길을 잃었다가 당신은 어떻게 길을 찾게 되었습니까?
   "주유소에 들어가서 길을 물어보았다. 지도를 찾아보았다. GPS가 있었음에도 불구하고 작동되지 않다가 GPS가 작동하기 시작했다." 소그룹리더는 구체적인 경험과 여러가지 대답을 성경적 교훈으로 연결시켜야 합니다.

5. 이러한 경험이 당신의 신앙체험과 어떤 비슷한 점을 가지고 있습니까?
   예수님을 인격적으로 만나기 전에 예수님께서 나를 위해 미리 준비하신 사람들이 있었습니다. 하나님의 존재를 부인하고 있었지만 삶의 현장에서 경험하는 걱정과 두려움에서 벗어나고 싶었습니다.

6. 위의 질문을 고치거나 새로운 질문을 만들어 보십시오.

만나주심

먼저오심의 질문이 성경의 이야기와 우리 삶의 접촉점을 찾게 해주었다면, 이제 만나주심을 통해 우리 삶 속에서 역사하시는 예수님과의 만남을 확인해야 합니다. 만나주심의 질문은 예수님을 만난 후 예수님이 어떤 분인지를 우리가 알고, 어떠한 변화가 있었는지 고백하는 과정이 담겨야 합니다.

1. 당신이 걸어가던 인생길에서 어떻게 예수님을 만나게 되었습니까?

   예수님을 만나는 신앙적 경험을 나누는 질문은 개개인에게 많은 시간이 소요되는 질문이 될 수 있습니다. 시간이 너무 길어지지 않도록 개인당 3분정도의 제한시간이 있음을 강조해야 합니다.

2. 예수님을 만나게 됨으로 당신의 삶에 어떤 변화가 있었습니까?

   신앙적 경험을 나누는 질문에서 구체적인 변화에 대한 질문으로 나아가야 합니다. 삶의 변화에 대한 질문은 항상 성공적일 수 없습니다. 성공적인 변화의 내용도 나눌 수 있지만 여전히 고민하고 힘들어 하는 내용을 나누는 것도 필요합니다.

3. 최근에 예수님께서는 어떻게 당신이 걸어가는 길의 방향을 바꾸었습니까?

   삶의 방향각이 바뀌는 과정을 나누는 것은 소그룹 나눔에 진정한 활력을 주게됩니다. 직장, 배우자, 거주지, 이민 등의 중요한 선택에서 역사하신 하나님의 인도하심을 나눌수 있습니다.

4. 위의 질문을 고치거나 새로운 질문을 만들어 보십시오.

다듬으심

예수님을 만난 후 삶의 우선순위와 관점, 당신의 꿈이 어떻게 바뀌었는지 혹은 어떻게 바뀌어야 하는 지를 깨닫고, 실제로 바꾸어 가는 과정을 나눌 수 있는 질문입니다.

1. 본문 5절에서 '도마는 주께서 어디로 가시는 알지 못하므로 그 길을 어찌 알겠느냐'고 질문하고 있습니다. 도마가 길을 모르겠다고 말하는 이유는 무엇입니까? 그가 길을 잃어버린 이유는 무엇이겠습니까?

   도마는 예수께서 반복하시는 십자가 사건에 대한 예언과 유월절 식사와 성찬, 세족식의 자리에서 여전히 예수님이 가셔야 할 십자가의 길에 대해 이해하지 못하고 있습니다. 길에 대해 처음 들었기 때문이 아니라 예수님이 가시는 길에 대한 이해가 없었기 때문입니다.

2. 주님이 인도하신 길을 가다가 어려움을 만났을 때 당신은 어떻게 하였습니까?

   다듬으심의 질문은 현실적이면서도 구체적인 답을 찾기 힘들 때도 있습니다. 리더는 질문을 여러가지 방향으로 다시 서술하면서 소그룹멤버들의 참여를 이끌어내야 합니다. 믿음의 길을 걷는 사람들에게 왜 어려움이 찾아옵니까? 제자의 길을 걷다가 어려움을 만났을 때 당신은 어떤 반응을 보였습니까? 어려움의 자리에서 신앙적인 회의나 의심이 생겼을 때 그것을 어떻게 이겨낼 수 있었습니까?

3. 위의 질문을 고치거나 새로운 질문을 만들어 보십시오.

 ## 들어쓰심

하나님께서 우리를 다듬으신 이유는 우리에게 주신 삶의 목적에 따라 헌신하고 계획하며 동역자들과 함께 나누고 섬기는 삶을 살게 하기 위함임을 고백합니다.

1. 도마는 길을 모른다고 고백했고, 부활하신 예수님을 직접 만나 그 상처에 자기 손을 넣어보기 전에는 예수의 부활을 믿을 수 없다고 말했습니다. 그런 도마가 사도의 길을 회복하게 된 배경은 무엇입니까?

   도마는 부활하신 예수 그리스도를 다시 만났습니다. 예수님은 믿음의 사람을 다시 사용하기 위해 의심하는 사람에게 다시 믿음을 회복할 수 있는 기회를 허락하셨습니다.

2. 도마가 다시 인생의 길을 찾은 후 그는 어떤 삶을 살게 되었습니까?

   교회의 전해내려오는 기록을 통해 도마는 예루살렘에서 가장 먼 지역인 인도에 복음을 전파하는 선교사로 사역하다가 순교했다고 믿어지고 있습니다.

3. 당신이 예수님을 좇다가 길을 잃었다가 하나님께서 다시 사용하시는 은혜를 경험했을 때는 언제입니까? 하나님께서는 그 기회를 어떻게 사용하셨습니까?

   소그룹 리더는 여러 가지 방향의 질문을 준비했다가 정답을 찾아가는 토론이 아니라 신앙의 고백과 간증이 담긴 토론이 가능하도록 이끌어가야 합니다. 적당한 시간의 토론이 진행되었거나 토론이 더 진행되지 않으면 질문을 성경본문과 연결시키며 다음단계의 토론으로 넘어가야 합니다.

4. 위의 질문을 고치거나 새로운 질문을 만들어 보십시오.

삶의 현장에서

본문을 통해 확인된 하나님의 이야기가 우리의 삶 속에서 어떻게 실천되어야 할지를 묻는 질문으로 소그룹 모임은 마무리 되어야 합니다. 다양한 삶의 정황 속에서 자유롭게 역사하시는 하나님의 손길을 배우고, 이를 통해 신앙적인 도전은 물론 격려도 받게 됩니다.

"삶의 현장"에서는 소그룹 멤버와 리더가 가정, 직장, 자기 삶의 현장에서 하나님의 말씀, 성경을 통해 배운 교훈을 적용할 수 있는 구체적인 실천의 계획을 세울 수 있는 질문입니다. 신앙의 실천을 위한 마음의 결단을 돕는 질문은 쉽지 않습니다. 솔직하고, 겸손한 실천계획이 나누어져야 다른 소그룹멤버들도 자신의 결단을 나눌 수 있습니다.

1. 당신 삶의 방향각을 잃지 않기위해 예수님과 어떻게 동행해야 하겠습니까?

    삶의 현장에서 구체적인 실천을 결심할 수 있는 질문입니다. 모든 것이 가능하다고 믿는 긍정적인 신앙도 필요하지만 우리 삶의 자리에서 경험하는 구체적인 어려움을 나누는 것도 필요합니다.

2. 주님과 동행하는 삶을 위해 당신에게 어떤 구체적인 결단이 필요합니까?

    소그룹에는 인도자를 도울 수 있는 좋은 리더가 더 필요합니다. 질문에 대한 답이 나오지 않거나 인도자가 먼저 말을 꺼내기 전에 자신의 의견을 슬며시 제시해주는 이들이 시작하는 것이 좋습니다.

3. 당신이 요즘 걱정하는 삶의 조건은 무엇입니까? 그 문제를 위해 우리 소그룹이 어떻게 기도해 주길 원합니까?

    구체적인 삶의 현장에서 이루어져야 할 결단은 기도의 제목과 연결됩니다. 중보기도의 제목을 나누는 시간이 될 수 있습니다.

4. 위의 질문을 고치거나 새로운 질문을 만들어 보십시오

리더가 알아야 할 소그룹 모임

소그룹 모임의 4W원리

1) 환영 (Welcome): 소그룹 모임을 처음 시작할 때나 새로운 멤버가 초청되었을 때 친밀한 분위기에서 서로를 알아가는 시간이 필요합니다. 어색한 분위기를 풀어줄 수 있는 "Ice Breaking-아이스 브레이킹" 질문을 사용합니다. 초청이 자연스럽고, 비교적 편안하고 부담없는 환경이 되어야 참된 환영이 가능합니다. 긴장을 풀기위한 질문은 소그룹이 처음 만나게 되었을 때 나누는 것입니다. 몇 달동안 만남과 사귐이 이루어진 후에는 환영의 시간은 최소화할 수 있습니다.

2) 찬양과 기도 (Worship): 찬양을 통한 성령의 임재하심, 중보기도를 통한 치유와 회복의 역사가 이루어질 수 있는 시간입니다. 쉽고 반복이 가능한 찬송가 또는 복음성가를 부르고 가정별 또는 개인별로 서로의 중보기도 제목을 나누고 함께 기도할 수 있습니다. 중보기도는 삶의 나눔이 끝난 뒤에 할 수도 있습니다.
이 때 성령님을 초청하는 임재의 기도를 여는 기도로 사용할 수 있습니다.
기도예문 – "주님, 이 시간 우리 모임에 함께 하여주시니 감사합니다. 성령님의 기름부으심을 내려주소서. 주님을 초청합니다. 우리 마음의 문을 열고 주님의 임재하심을 기다립니다."

3) 삶의 나눔 (Word): 자신의 현재와 과거의 삶에 일어난 사건들 속에서 체험한 하나님의 사랑과 개입하심을 나누는 시간입니다. 소그룹 멤버들은 이 시간을 통해 각 사람에게 다양하게 역사하시는 하나님을 배우게 되며, 향후 겪게 되는 사건들 앞에서 신앙적으로 대응하는 방법을 배우게 됩니다. 주어진 성경본문과 교재, 질문을 가지고 서로의 삶을 나누는 시간입니다.

4) 사역의 나눔 (Work): 모두가 함께 봉사를 실천함으로 다함께 훈련하며 성장하는 기회를 나누는 시간입니다. 소그룹과 대그룹(교회) 안에서 행하는 선교, 봉사, 사역에 관해 이야기를 나누고, 다음 모임 장소, 광고를 위한 시간으로 사용합니다.

소그룹 모임 자리배치와 준비

1) 자리는 원형으로, 서로의 얼굴을 마주볼 수 있도록 배치합니다.
2) 대화를 독점하거나 통제하기 어려운 사람은 인도자 바로 옆자리에 앉히는 것이 좋습니다.
3) 큰 화병이나 화려한 물건 등 시선을 가리거나 흐트러뜨리는 물건은 미리 치우는 것이 좋습니다.
4) 전화를 받는 일이나 다른 일들 (주방에 왔다갔다 하는 것)을 하지 않도록 미리 준비해 두고, 약속(언약)을 정하는 것이 좋습니다. (예 소그룹 모임중에는 셀폰을 사용하지 않는다)
5) 어린이들을 위한 프로그램을 별도로 준비하는 것이 좋습니다.

효과적인 소그룹 모임을 위해

1) 시간을 엄수합니다. (정시에 시작하고 계획된 시간에 끝남)
2) 긍정적이고 열린 분위기를 만들기 위한 노력합니다.
3) 모임의 방해요소를 최소화합니다.
4) 매주간 비 공식적 만남이 지속되어야 합니다.
   (3P: Phone, Pizza, Prayer – 전화, 피자/음식, 기도)
5) 참여의식과 지체의식을 고양합니다.
6) 소그룹 언약을 함께 준비하고 약속합니다.
7) 가정별 기도제목을 나누고, 서로 기도합니다.
8) 개인별 중보기도 관계를 맺습니다 – 서로 전화, 이메일, 참여격려.
9) 개인과 가정의 영적생활을 점검하고 서로 격려합니다.
10) 소그룹 성장을 통한 분가의 비전을 가지고 꾸준히 전도합니다.

소그룹사역 리더를 위한 대화인도법

1) 비판이나 험담을 할 경우

"여기는 자신의 이야기를 나누는 자리입니다. 가급적 다른 사람에 대한 의견이나 비판은 삼가하는 것이 좋겠습니다."

"혹시 교회에 대해 다른 의견이 있으시다면 따로 목회자를 만나 상담해 보는 것이 좋겠습니다. 그것이 부담스러우시면 모임이 끝난 후 제게 말씀해 주시면 목회실에 꼭 전달해 드리겠습니다."

2) 대화를 독점하는 경우

"아 그렇군요. 참 흥미롭네요. 그런데 어떻게 하지요? 시간이 많으면 좀 더 듣고 싶지만 다른 분들의 이야기도 들어봐야 하니까 나머지 이야기는 모임이 끝난 후에 듣도록 하겠습니다."

"나중에 형제님 이야기 듣는 시간을 따로 갖도록 하겠습니다."

"앞으로 1분 남았습니다. 이야기를 마무리 해 주시기 바랍니다."

(모래시계 3분짜리를 구해서 대화를 시작할 때마다 사용하는 방법도 효과적입니다)

3) 결론을 내리거나 판단하는 사람이 나타날 경우

"우선 말씀하시는 분의 이야기를 조금 더 들어봅시다. 하나님은 각 사람에게 맞는 다양한 방법을 사용하십니다. 성령님의 역사를 우리가 제한하지 않는 것이 좋겠습니다."

4) 대화(고백)를 중단시키고 끼어드는 경우

자기의 경험을 내세워 가르치려 하거나 판단하려는 사람이 있을 경우에도 사용합니다.

"말씀하시는 분이 하시던 이야기를 마저 들어보고 다함께 이야기를 나누는 것이 좋겠습니다."

5) 위험한 수위의 이야기나 민감한 이야기가 나올 경우

(대화를 자연스럽게 중단시키고) "어려운 문제를 이 자리에서 말씀해 주셔서 감사합니다. 그 문제는 여기서 다루기보다 목회자와 상담해 보시면 어떨까요? 저희는 자매님을 위해 계속해서 기도하겠습니다."

6) 진지한 기도의 제목이 나올 경우

"우리가 다함께 형제/자매님을 위해서 기도해 드려도 될까요?" 본인의 의견을 물어본 후 다함께 중보기도를 할 수 있습니다.

"우리 OOO 형제/자매님을 위해 함께 기도하기를 원합니다. 조용히 하지만 소리내어서 함께 통성으로 기도하겠습니다."

7) 주제를 벗어나 정치, 경제, 스포츠 이야기로 흘러갈 경우

"그 이야기는 모임이 끝난 후 따로 시간을 내서 하는 것이 좋겠습니다. 오늘의 주제로 다시 돌아가지요. 자, 어느 분이 말씀하실 차례지요?"

8) 대화를 격려하거나 계속 연결시켜 나가야 할 경우

"그렇군요." "그래요?" "어려움이 많으셨군요."

9) 대화를 중단시키고 다음 사람에게로 기회를 넘겨줄 때

"말씀 고맙습니다. 이제 ㅇㅇㅇ자매님께서 말씀하실 차례지요?"

Lesson 2
삶의 나눔 2
Sharing Life Journey 2

주님을 전혀 모르던 사마리아 여인이 예수님을 만나 그녀의 삶을 나누는 과정에서, 주님을 알게 되고 그 주님을 이웃에게 전하는 전도자로 변화하는 과정을 보게 됩니다. 당신의 소그룹이 이러한 삶의 변화를 가져오는 우물가가 되길 바랍니다.

성경본문: 요한복음 4:3-30

먼저오심

예수님을 알기 전에 우리가 겪은 삶의 경험과 고민들을 나누고, 이성과 양심, 근면함 등으로 그것을 해결하려던 시도와 성경적인 해결방법을 비교합니다.

> "거기 또 야곱의 우물이 있더라 예수께서 길 가시다가 피곤하여 우물 곁에 그대로 앉으시니 때가 여섯 시쯤 되었더라 사마리아 여자 한 사람이 물을 길으러 왔으매 예수께서 물을 좀 달라 하시니" (요한복음 4:6-7)

1. 사마리아 여인이 아무도 없는 뜨거운 정오에 물을 길으러 온 이유는 무엇일까요?

   자기 자신에 대한 부끄러움, 사람의 눈을 피해서 왔을 것입니다. 다른 사람들과 마주치고 싶지 않았습니다. 사람들이 자기 뒤에서 수군거리는 것이 듣기 싫었습니다. 다른 사람들과 별로 할 이야기도 없고, 모든 것이 귀찮았을 것입니다.

2. 당신도 사람의 눈을 피하고 싶었던 경험이 있습니까? 어떤 상황이었습니까?

사업에 실패했을 때, 혹은 이혼한 직후, 자식이 원하는 대학에 진학하지 못했을 때, 신앙생활을 하다가 실망하거나 실족했을 때, 다른 사람에게 상처를 입었을 때 등.

> "사마리아 여자가 이르되 당신은 유대인으로서 어찌하여
> 사마리아 여자인 나에게 물을 달라 하나이까" (요한복음 4:9)

3. 사마리아 여인이 예수께 짜증스럽게 대답한 것은 그녀의 마음이 굳게 닫혀있기 때문이었습니다. 왜일까요? (9절)

그녀의 과거의 안 좋은 경험 혹은 쓴뿌리 때문에 - 남자에 대한 불신, 특별히 유대인 남자.

4. 우리의 마음이 예수님을 향해 열려 있는지, 닫혀 있는지 무엇으로 알수 있을까요?

열린 마음은 하나님의 말씀에 민감하고, 순종할 준비가 되어 있습니다. 닫힌 마음은 많은 경우 과거에 경험한 마음의 상처가 아직 치유되지 않았기 때문입니다.

5. 신앙생활을 하면서 당신 마음의 문을 닫히게 하는 원인은 무엇이 있었습니까? 자신의 문제 혹은 타인의 문제 어떤 경우가 있습니까?

대부분이 자신의 문제; 마음의 상처, 소문, 피해의식,
타인의 문제; 다른 사람들의 기대, 불편한 관계, 불의한 현실, 예수 믿는 사람들의 정직하지 못한 삶, 생각이 다른 것이 교회 안에서 분쟁이 될때.

6. 만약 당신의 마음이 예수님을 향해 닫혀 있다고 생각한다면 어떻게 그 마음의 문을 열수 있을까요? 하나님을 향해 마음의 문을 닫고 있는 사람들을 어떻게 도울 수 있을까요?

말씀을 붙잡아야 합니다. 사람에게서 답을 찾기 보다 주님과의 관계 회복에 집중해야 합니다
- 예배의 회복, 기도와 찬양의 회복
예수믿는 다른 사람과의 관계때문에 예수님을 향한 마음의 문이 닫히기도 합니다 - 사람과의 관계도 하나님께 맡겨야 합니다. 사람에게 기대해서는 안됩니다.
신뢰 회복 - 믿음의 본이 되는 크리스챤과의 만남
자기 중심에서 하나님 중심으로 마음의 자세를 바꾸어야 합니다.

만나주심
예수님을 만난 후 예수님이 어떤 분인지를 알고 고백하는 과정 입니다.

> "사마리아를 통과하여야 하겠는지라"
> (요한복음 4:4)

1. 왜 예수님은 이방인의 땅, 사마리아를 통과하는 여정을 택하셨을까요?
   소외된 사람들과의 만남을 원하셨습니다. 예수님의 의지가 반영된 여정입니다.
   이 여인을 만나길 원하셨습니다. 여인에게 안전한 공간입니다.

2. 예수님은 사마리아 여인과 대화를 나눌 장소로 왜 아무도 없는 우물가를 택하셨을까요?
   주님은 우리를 개인적으로 만나 주십니다.
   여인과의 관계 회복을 위해.

3. 예수님이 당신을 처음으로 찾아오셨던 때는 언제, 어떤 상황이었습니까?
   중고등부 학생시절, 수련회, 부흥회, 찬양 집회, 영성훈련, 주일예배를 통하여, 말씀을 읽다가 등.

4. 지난 한 주간 동안 예수님은 어떻게 당신을 만나 주셨나요?
   찬양 가운데, 말씀 가운데, 기도 가운데, 만남 가운데, 자녀와의 대화 가운데 등.

5. 예수님께서 당신을 만나주셨다는 것이 어떻게 당신의 삶에서 나타날 수 있었습니까?

당신의 삶에 어떤 변화가 있었습니까? 마음의 감동이 삶의 구체적인 변화로 연결되지 않는 이유는 무엇입니까? 긍정적인 생각, 기쁨이 생겨났습니다. 십자가를 기억하며 인내할 수 있었습니다.

6. 생수를 달라는 그 여인에게 예수님은 왜 남편 이야기를 꺼냈을까요? (15-18절)

주님은 그녀의 마음을 열기 원하셨습니다. 마음의 상처를 치유하기 위해서는 과거의 아픔이 정직하게 고백되어져야 합니다.

7. 예수님과의 인격적인 만남, 예수님과 동행하는 삶을 방해하고 있는 것은 무엇입니까? 예수님과 만나고 싶은 당신의 발목을 붙잡고 있는 것이 있다면 그것은 무엇일까요?

자기중심, 고집, 불순종, 교만, 욕심, 걱정, 불신 등.

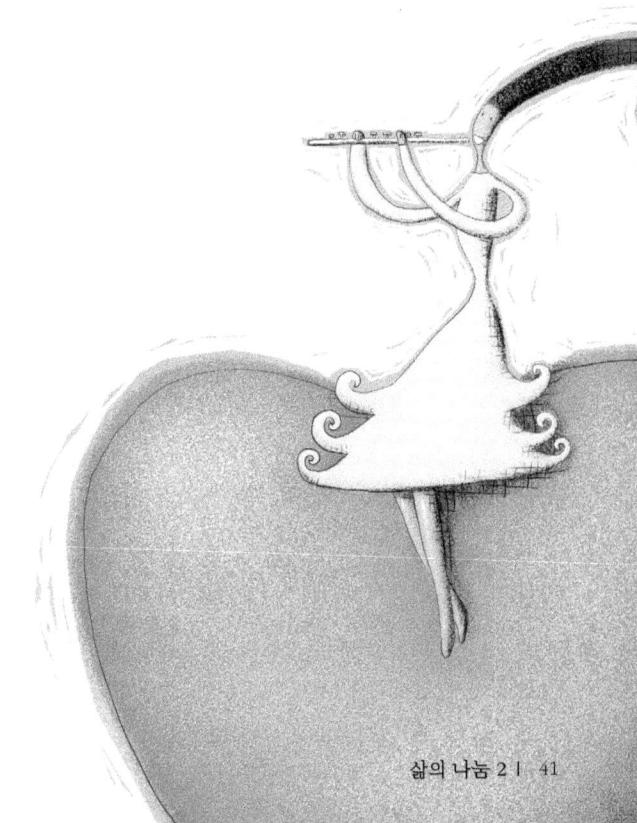

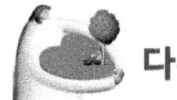
다듬으심

예수님을 만난 후 삶의 우선순위와 관점, 꿈이 어떻게 바뀌었는지 혹은 어떻게 바뀌어야 하는 지를 깨닫고, 실제로 바꾸어 가는 과정입니다.

> "여자가 물동이를 버려 두고 동네로 들어가서
> 사람들에게 이르되" (요한복음 4:28)

1. 여인에게 생존수단과도 같은 물동이를 버렸다는 의미는 과연 무엇일까요?

사마리아 여인은 분명한 삶의 목적을 찾았습니다.
삶의 가치관과 우선순위가 바뀐 것입니다.
그 물동이보다 더 의미있는 것을 발견했습니다.
예수께서 주신 생명수를 얻었습니다.

2. 예수님은 사마리아 여인의 어떤 모습을 다듬어 주셨습니까?

그 여인의 인생목적과 우선순위를 바꾸어주셨습니다.
과거의 상처에서 치유받아 하나님께 영광돌리는 삶을 살기 시작했습니다. 복음을 전하는 삶,
예수 그리스도를 전하는 삶, 나누는 삶, 베푸는 삶을 시작하게 되었습니다.

3. 예배에 대한 이야기를 통해 사마리아 여인은 예수님이 그리스도인 것을 깨닫게 됩니다. 예배를 통해 마음에 크게 깨달음을 얻었거나 감동을 받은 일을 함께 나누어 주십시오.

성만찬 예식 가운데 잔에 부어지는 포도즙 소리를 들으며 나를 위해 쏟아 주신 예수님의 보혈을
보고, 듣고, 느낄 수 있었습니다.
찬양을 통해 하나님께서 만져주시는 손길을 느꼈습니다.
목사님의 설교를 통해 하나님의 살아있는 음성을 들었습니다.

4. 사마리아 여인의 변화를 통해 당신의 삶에 어떤 변화가 필요한 것을 깨닫게 되었습니까?

상처입은 불쌍한 여인, 사람의 눈을 피해다니는 여인에서 복음을 증거하는 새로운 삶의 목적을
발견한 여인으로 변화하였습니다. 제 가치관과 우선순위가 바뀌어야 하겠습니다.
예배에 대해 너무 피상적으로 알고 있었습니다. 신령과 진정으로 예배하기 위해 마음의 상처가
치유받아야 하겠습니다.

들어쓰심

하나님께서 우리를 다듬으신 이유는 우리에게 주신 삶의 목적에 따라 헌신하고 계획하며 동역자들과 함께 나누고 섬기는 삶을 살게 하기 위함임을 고백합니다.

> "내가 행한 모든 일을 내게 말한 사람을 와서 보라 이는 그리스도가 아니냐 하니" (요한복음 4:29)

1. 사마리아 여인은 예수님을 만남으로 어떤 변화를 경험하였기에 그동안 외면하며 살았던 동네 사람들에게 예수님을 전하고 싶은 마음을 갖게 되었을까요?

   자신이 만난 주님을 전하지 않고는 견딜 수 없게 되었습니다.
   새로운 생명을 경험하게 된 자신의 변화가 동네사람들에게도 필요하다는 사실을 깨달았습니다.

2. 오늘 당신이 찾아가야 할 사마리아 여인은 누구입니까? 그리고 무엇을 전하겠습니까?

   사마리아 여인처럼 사람들을 피하고 싶은 사람은 알고 있지 않습니까?
   그 사람에게 필요한 것은 무엇입니까?
   그리스도의 복음을 전하기 위해 신뢰의 관계를 쌓는 것도 중요합니다.
   입으로 복음을 나누기 전에 몸과 마음으로 복음의 능력을 보여주어야 합니다.
   새로운 생명의 능력을 경험해야 할 사람들이 있습니다.
   육신이 아픈 이들이 있습니다.
   깊은 마음의 상처로 하나님을 향한 의심과 불신을 가진 이들에게
   신뢰할 만한 그리스도인의 모습을 보여주어야 합니다.

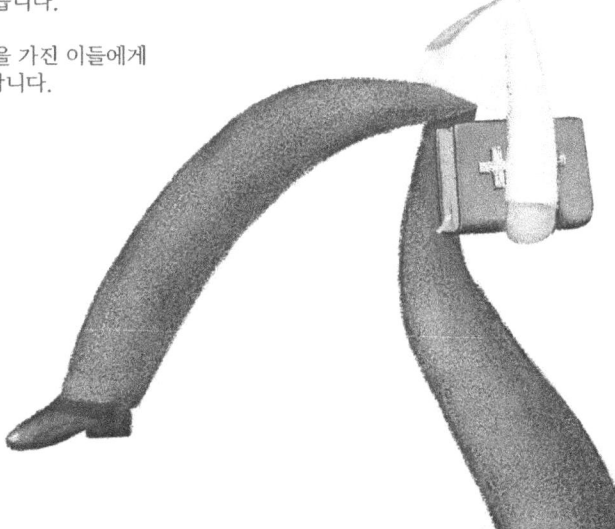

삶의 현장에서

1. **당신의 마음의 상처(쓴뿌리)가 무엇인지 적어보고 주님 앞에 내려 놓는 시간을 가지시기 바랍니다.**

   마음의 상처를 적어보는 경험이 필요합니다. 충분한 시간을 주시기 바랍니다.
   다음 질문에 있는 성령님께 쓰는 편지 등, 삶의 현장에서 제시된 문제들의 답을
   쓸 수 있도록 훈련참가자 들에게 넉넉한 시간을 주십시오.
   휴식시간과 함께 15분 혹은 30분 정도까지 배정할 수 있습니다.

2. **오늘도 당신을 만나길 원하시는 성령님께 편지를 써 보세요.**

   성령님 전상서…
   하나님께 드리는 편지
   예수님…

3. **매일 말씀묵상(Quiet Time)을 생활화하고, 일기와 비슷한 신앙저널을 적어 보시기 바랍니다.**

   말씀묵상을 매일 하는 것이 힘든 이유는 무엇인가요?
   하루를 시작하며 말씀묵상의 내용을 적은 것을 저녁에 다시 살펴보면서 그날의
   일상을 정리해 보는 것을 시작해 보십시오.

4. **오늘 당신이 찾아 가서 만나 용서하거나 혹은 용서받아야 할 사람, 특별히 예수 그리스도의 복음을 전해야 할 사람이 있다면 그 이름을 적고 실행에 옮기시기 바랍니다.**

   용서하거나 용서받아야 할 사람의 마음을 헤아려야 합니다.
   본인이 전혀 알지 못할 때 섣부른 용서의 요청이나 제안은 다른 상처를 주거나
   받는 기회가 되기도 합니다.
   당신이 오늘 꼭 만나야 할 사람을 찾아봅시다.

Lesson 3

말씀과의 만남 1
Encountering God's Word 1

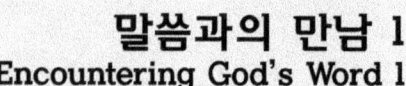

성경을 읽는 자세와 성경 내용에 대한 기본적인 안내를 통해 소그룹 리더가 성경적인 가치관, 시각, 꿈을 가지도록 도와줍니다. 나아가서 성경적으로 나누고 섬기는 삶을 실천하기 위해 하나님께서 주신 목적에 관계없는 것은 버리고, 하나님께서 주신 목적을 실천하기 위해 성실한 계획을 세우고 동역자를 찾을 수 있도록 돕습니다.

성경본문: 요한복음 14:1-31

먼저오심

예수님을 알기 전에 우리가 겪은 삶의 경험과 고민들을 나누고, 이성과 양심, 근면함 등으로 그것을 해결하려던 시도와 성경적인 해결방법을 비교합니다.

1. 사람은 늘 근심하며 사는 존재입니다. 현재 당신에게 가장 큰 근심은 무엇입니까?
   직장, 사업, 재정, 질병, 자녀교육, 진로, 진학, 인간관계에서 오는 갈등, 미국 이주, 영주권 등.

2. 그 근심(걱정)을 해결하기 위해 당신은 어떤 시도를 하고 계십니까?
   열심히 일하기, 다른 사람의 충고를 구하기, 병원에 가거나 변호사 찾아가기, 더 많이 참고 노력하기.

3. 근심하는 사람들에게 예수님은 무엇을 말씀하고 계십니까? (1절)
   마음에 근심하지 말고 하나님과 예수님을 믿으라고 하십니다.

4. 예수님은 믿음의 사람들을 위해 무엇을 준비해 주신다고 말하십니까? (2절)
처소를 예비해 주신다고 함.

5. "집"하면 떠오르는 말(단어)이 있다면 무엇입니까? 그런 말(단어)가 주는 느낌은 무엇입니까?
안식, 평화, 받아줌, 있는 모습 그대로의 편안함, 가족의 사랑 등.
따스함, 포근함, 안정감, 인정받음, 소망, 안전함.

6. 예수님이 예비하신다는 처소에 대해 당신은 어떤 기대를 갖고 있습니까?
나를 있는 모습 그대로 받아주고, 사랑해 주고, 인정해 줄 것이라는 기대가 있음.

7. 도마처럼 많은 이들은 그 길을 알지 못합니다. 어떻게 그 길을 알 수 있습니까? (6-7절) 당신은 어떻게 그 길을 발견하게 되었습니까?
소그룹 리더에게는 구원과 신앙의 확신과 자신의 길을 인도하시는 하나님의 역사를 믿는 믿음이 있어야 합니다. 그런 도전이 필요합니다. 예수님이 길이십니다. (6절) 예수님을 알아야 합니다. (7절) 성경을 읽어 예수님이 하신 일들을 알고 (성경공부), 하나님의 사랑의 내용을 알게되면, 하나님이 누구신지와 예수님을 십자가에 내어주신 사랑의 본질을 알게 됩니다. (말씀묵상) 이러한 하나님의 무조건적인 아가페 사랑을 알면 나같은 사람도 구원하신다는 말씀을 믿게되고 (믿음으로 구원), 모든 열등감과 쓴뿌리, 비교 의식에서 벗어나 자신감과 정체성을 찾게 되고 자유롭고 기쁘게 하나님을 찬양하게 됩니다. (구원받은 자로서 생활속에서 열매 맺음)

8. 당신이 전적으로 신뢰할 만한 사람, 의지할 만한 사람이 있다면 그 사람은 누구입니까? 당신의 소그룹, 혹은 교회에 어떤 사람이 믿을만한 사람입니까?
소그룹 리더들에게 믿을만한 사람을 만난 경험과 느낌을 나누게 하고, 자신이 그렇게 신뢰할 만한 사람인지, 다른 사람에게 믿을만한 사람이 되기 위해 어떤 도전이 필요한지 대화를 이끌어 주십시오. 누군가를 의지해 본 경험이 다 있습니다. 때로는 실망하기도 하고, 상처를 입지만 사람은 누군가에게 기대고 싶어하는 마음이 있습니다. 신뢰할 만한 사람, 의지할 만한 사람은 변함없이 자기의 자리를 지켜주는 사람입니다. 소그룹은 그런 신뢰와 믿음을 경험하는 자리가 되어야 합니다.

세상에 근심이 없는 사람은 없습니다. 성경은 이 근심에서 벗어나 평안한 삶을 살고, 결국 영원한 삶을 살 수 있는 길로 예수님을 제시합니다. 성경은 이 예수님을 만나고 알아가도록 도와주는 책입니다. 하나님은 우리가 예수님을 알기도 전에, 우리가 근심과 걱정 많은 세상에서 사는 것을 안타깝게 여기시고 예수님을 이 땅에 보내주셨습니다. 말씀을 통해 이 예수님을 만나 보지 않겠습니까?

 ## 만나주심
예수님을 만나고 그 분이 어떤 분인지를 고백하는 과정입니다.

1. **당신 육신의 아버지와 관계에서 먼저 생각나는 것은 무엇입니까?**

   인도자가 솔직하지만 간단하게 자신의 경험을 나누는 것이 좋습니다.
   긍정적인 부분과 부정적인 부분을 함께 나눌 수 있어야 합니다.
   나를 위해 기도하시던 모습, 가족을 위해 밤낮으로 일하시던 모습, 힘들고 어려워도 내색않던 모습 등
   술먹고 주정하던 모습, 어머니를 구타하던 모습, 바람피우고 돌아다니면서 가정을 돌보지 않던 모습 등.

2. **만약 육신의 아버지가 당신에게 잘못한 것이 있다면 가장 기억에 남는 것은 무엇입니까?**

   첫번째 질문에서 자연스럽게 2,3번 질문으로 연결되어 따로 문제를 읽지 않고도 관련된 대화가
   이루어질 수 있습니다. 어떤 사람들은 육신의 아버지의 잘못과 실수에 대해 기억하지 못하거나
   나누기를 원하지 않을 수 있습니다.
   대화가 없고, 지나치게 무섭고, 엄하고, 못하게 하는 것이 많고, 야단치고, 제대로 돌보지 않은 것들
   최고를 요구하고, 늘 못한다고 구박하고, 열등감과 분노의 쓴뿌리를 키운 것들.

3. **당신이 아버지의 입장에서 바라본다면 아버지가 잘못한 것을 어떻게 이해할 수 있겠습니까?**

   어렵고 힘든 세상에서 살아남고 자녀들을 키우기 위해 최선을 다했지만 인간적인 고뇌가 있으셨습니다.
   예수님을 믿지 않고 살 수 있다고 생각했지만, 결국 죄 가운데서 헤어나지 못하셨습니다.

4. **만약 육신의 아버지들이 완벽한 인간이었다면 당신에게 어떻게 대해 주셨을까요?**

   자기 자신의 문제 때문에 우리에게 화풀이 하거나, 술먹고 무섭게 술주정 하거나, 혹은 바람을
   피우면서 어머니 속을 썩이는 일들은 하지 않으셨겠지요. 늘 자상하고 혹은 따뜻하게 대해
   주셨겠지요. 자녀들의 잠재력과 인격을 믿고 존중해 주며, 사랑으로 키워 주셨겠지요.

> 구약성경이 하늘에 계신 우리의 아버지가 어떤 분인지를 알려준다면,
> 신약성경은 아버지와 아들이신 하나님과 예수님의 관계를 통해
> 예수님이 구세주이심을 보여줍니다.

5. 예수님을 본 사람은 아버지를 본 것이라고 말합니다. (9-11절) 예수님이 지상에서 행하신 일들을 통해 하늘에 계신 아버지의 성품을 생각해 봅시다.

- 오천 명을 먹이심 - 광야에서 만나를 먹이심
  공급하시는 아버지, 먹이시는 아버지
- 물 위를 걸으심 - 홍해를 가르시고 요단강을 멈추심
  문제를 해결하시고 난관을 극복하시는 능력의 아버지
- 죽은 나사로를 살리심 - 에스겔 골짜기의 마른 뼈를 살리심
  생명을 주시는 아버지, 다시 살리시는 하나님
- 현장에서 간음한 여인을 용서하심 - 밧세바를 범한 다윗을 용서하심
  용서하시는 아버지, 육신의 연약함을 이해하시는 아버지
- 성전을 깨끗게 하심 - 성전을 무너뜨리심
  스스로 거룩하시며 우리에게도 거룩을 요구하시는 아버지
- 세리와 창녀를 친구로 대하심 - 니느웨의 백성들을 용서하심
  회개하는 사람들을 받아주시는 아버지, 죄를 안타까워 하시는 아버지
- 바리새인들을 책망하심 - 선지자들을 통해 형식적인 제사를 비판하심
  외식과 형식을 싫어하시는 아버지

6. 예수님의 하신 일들을 보며 그가 하나님의 아들이심을 믿는 사람은 어떤 일들을 한다고 말합니까? (12절)
   예수님이 하신 것보다 큰 일을 하게 됨. 즉 병자들을 위해 기도하고 치유하며 도와주고, 오천명을 먹이는 것보다 더 많은 이들을 먹임. 수많은 사람들에게 하나님의 말씀을 가르치며 그의 사랑과 능력을 전할 수 있음.

7. 예수님은 자기의 이름으로 구할 때 어떤 일이 일어난다고 약속합니까? (14절)
   구하는 것을 시행해 주신다고 약속함.

8. 이 약속을 믿고 예수님의 이름으로 구하여 응답받은 경험을 나누어 주시기 바랍니다.
   인도자가 아주 작은 경험에서 기도 응답의 경험을 나누어 주는 것이 좋습니다.
   소그룹 리더에게 기도응답의 경험을 증언하는 것은 매우 중요합니다. 작은 것이라도 기도를 통하여 응답하신 하나님의 은혜를 나눌 수 있도록 인도해 주십시오.
   예) 고민하고 있던 문제를 목사님의 설교를 통해 하나님의 음성을 듣고 응답받게 되었습니다.

9. 당신의 소그룹에서 예수님의 이름으로 함께 기도할 때 어떤 일을 경험하였습니까?
   아이가 아플 때 함께 기도했더니 병을 고쳐 주셨습니다.
   멀리 떨어져 있는 부모님을 위해 기도하고 있습니다.
   건강, 자녀의 학업, 사업과 진로, 전도대상자를 위해 함께 기도했습니다.

다듬으심

예수님을 만남으로 예수님께서 당신 삶의 우선순위, 관점과 꿈을 어떻게 바꾸어 가시는 지를 고백하는 과정입니다.

1. 예수님을 사랑하는 사람은 어떻게 살아갑니까? (15절) 하나님의 계명을 생각하면 당신에게 어떤 내용이 먼저 떠오르십니까?

   계명하면 율법, 규칙, 훈련 등이 떠오릅니다.
   그러나 예수님의 계명은 하나님을 전심으로 사랑하고 내 이웃을 내 몸같이 사랑하라고 하신
   사랑의 계명입니다.

2. 계명을 지키는 일도 하나님의 영, 성령께서 도와주셔야 가능합니다. 예수님은 성령님을 "도우시는 은혜의 스승"으로 소개하십니다. 그 단어는 무엇입니까? (16절)

   보혜사

3. 당신은 성령의 역사하심을 어떻게 경험하였습니까? 성령세례에 대해 알고 계십니까? (사도행전 2장 참고)

   하나님의 영, 성령께서는 항상 우리와 동행하시고, 우리를 도와주십니다. 지혜의 말씀을 통하여,
   우리로 하나님의 뜻을 분별하게 하십니다. 사도행전 2장에 초대교회 오순절 역사를 통해 성령세례를
   경험한 사람들을 우리는 볼 수 있습니다. 그들은 하늘로 부터 부어지는 성령의 충만함을 받고,
   다른 언어로 말하고 듣는 방언의 은사를 체험했습니다.

4. 성령의 도우심으로 우리에게 주어지는 선물은 무엇입니까? (27절)

   평안, 세상이 줄 수 없는 평안, 본문에서 예수님의 체포, 십자가사건을 앞두고 있는 제자들에게
   가장 중요한 것은 평안과 확신입니다.

5. 소그룹사역을 통해 성령께서 당신에게 주신 선물은 무엇이 있습니까?

　　소그룹 사역은 섬기는 일이어서 힘들고 지칠 때가 많습니다.
　　하나님의 위로하심이 꼭 필요합니다.
　　주님 만나는 사람들을 통해 참 보람을 느낍니다.

6. 지금 당신이 속한 소그룹사역을 위해 성령께서 도와주시기를 원하는 것은 무엇입니까?

　　용기가 필요합니다. 헌신의 마음, 용서, 이해,
　　시간을 더 내어야 합니다. 신앙의 모범이 되는 삶을 살아야 하겠습니다.
　　경제적인 어려움을 이겨내야 하나님께 영광을 돌릴 수 있겠습니다.

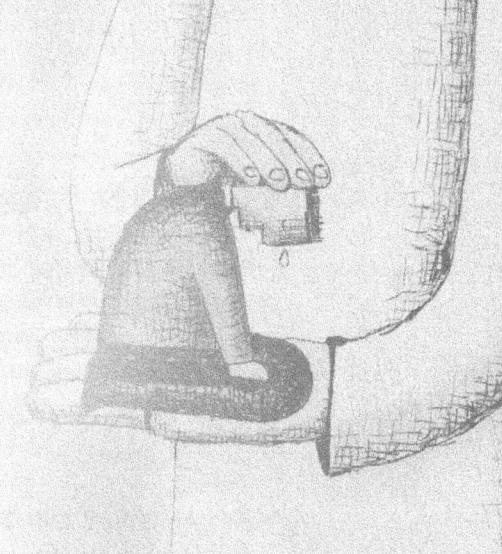

성경을 역사책이나 문학책으로
읽을 수 없는 이유는
성경이 신앙공동체의 경전이기
때문입니다. 성경을 통해 그 시대의
역사를 재구성하거나 문학적인 아름다움만
찾는 사람은, 맛있는 요리를 앞에 두고
요리사가 어떤 재료를 사용하였는지,
어떤 과정으로 이 요리를 만들었는지
분석만 하고 먹지 않는 사람과
같습니다. 그러나 성령의 도우심으로
성경을 읽는 사람들은 말씀을 먹고
그 말씀에 의지하며 삶의 힘을
얻는 사람들입니다.

 ## 들어쓰심

하나님께서 당신을 다듬으시는 이유는 당신에게 주신 삶의 목적에 따라 헌신하고 계획하며, 여러 사람들과 함께 나누고 섬기는 삶을 살게 하기 위함입니다.

1. 예수님은 제자들에게 당신이 아버지에게 가는 것을 제자들이 오히려 기뻐하게 될 것이라고 말씀하셨습니다. (28절) 죽는 것을 오히려 기쁘게 생각한 인물들을 생각해 보고, 그 이유를 나누어 봅시다.

   초대교회 첫 순교자 스데반 집사, 로마제국에 속한 초대교회 교인들은 원형극장에서 죽으며 오히려 자신의 신앙을 고백하고 지킨 것을 기뻐했습니다. 초기 조선 선교사로 왔던 루비 켄드릭스는 "내게 천개의 목숨이 있다면 그 모두를 조선을 위해 바치겠다"고 말했습니다.

2. 육신의 생각, 욕심, 이기적인 마음을 뛰어넘어 하나님이 기뻐하시는 일을 한 경험을 나누어 봅시다.

   선교현장에 참여, 교회안에서 양보, 피곤한 몸을 이끌고 예배에 참석, 첫번째 십일조, 자존심을 포기하고 다른 사람을 용납하고 함께 일하는 경험이 있었습니다.

3. 오늘 본문은 세상 임금들은 예수님과 관계할 것이 없다고 말합니다. (30절) 즉, 세상에서 성공과 부가 좋은 신앙과 직접 연관되지 않을 수도 있다는 뜻입니다. 신약성경은 믿음 때문에 고난당한 이들의 이야기로 가득 차 있습니다. 예수님 외에 믿음으로 인해 어려움을 겪은 사람들을 찾아봅시다.

   사도 바울: 믿음 때문에 투옥되기도 하고, 난파를 당하기도 하고, 40에서 하나를 감한 매를 여러 번 맞기도 하고, 굶주리고 모욕당하고, 어려움을 겪었음.
   스데반: 초대교회 최초의 순교자.
   열두사도: 고향을 떠나 사역하다 순교함.

4. 믿음의 사람들이 안전하고 편안한 삶의 조건을 떠나는 이유는 무엇입니까?

   영원한 것, 하늘의 것에 참된 가치를 두고, 하나님이 기뻐하시는 열매를 거두기 위해서 입니다.

5. 반대로 현재의 삶을 떠나지 못한다면 그 이유는 무엇일까요?
   하나님에 대한 믿음과 정열이 부족해서.
   현재의 편안함과 안락함 때문에, 현실적인 조건 때문에 망설입니다.

6. 소그룹 리더로 섬기기 위해 당신이 희생해야 한 것들은 무엇입니까?
   물질, 시간, 명예, 자존심을 내려놓아야 했습니다.

7. 예수님을 위해 당신에게 매일 매일 주어지는 일정(시간)을 성령의 인도하심을 따라 바꿀 수 있습니까? 성령님께서는 당신에게 어떤 변화를 요구하고 계십니까?
   새로운 변화가 필요합니다. 새 직장, 사업을 시작합니다.
   사람을 이해 할 수 있는 마음과 자세가 필요합니다.

> 성경은 우리의 지식을 풍성하게 하는 것이 아닌 우리의 인격을 다듬고 그를 통해 거룩한 삶을 살도록 돕는 것에 관심이 있습니다. 이를 위해 버릴 것을 지적해 주고, 강화할 것을 보여줍니다. 이제 성경을 읽을 때마다 우리가 버릴 것과 얻을 것을 묵상하는 기회가 되길 바랍니다.

삶의 현장에서

하나님께서는 당신에게 삶의 우선순위와 관점, 꿈을 바꾸고, 인생의 목적을 찾는 일, 삶의 새로운 계획을 세우는 일에 헌신하기를 원하십니다. 또한 소그룹사역을 통해 함께 일할 사람을 만나고, 함께 섬기면서 하나님의 역사를 경험하기를 원하십니다. 이를 위해 지킬 것과 버릴 것을 구별할 수 있어야 하고, 그때 당신은 변화된 삶을 살 수 있습니다.

다음의 본문을 읽고 소그룹에서 사용할 질문을 직접 만들어 보십시오.

이사야 61:1-11

1. 인생의 꿈과 관련된 질문 (1-3절)
   오늘의 본문 1-3절에 나오는 하나님의 꿈은 어떤 내용입니까?

2. 삶의 목적과 관련된 질문
   현재 당신이 가는 인생의 최종목적지는 어디입니까?

3. 이러한 하나님의 꿈 중에서 내 인생의 목적으로 삼은 것은 무엇입니까?
   하나님께서 당신에게 원하시는 것이 무엇입니까?
   여러분의 자녀를 향한 하나님의 계획을 위해 기도하고 계십니까?

4. 삶의 목적 달성을 위한 계획과 관련된 질문
   삶의 목적을 위해 당신은 현재 어떤 계획을 가지고 계십니까?

5. 나눌 것을 나누는 결단과 관련된 질문 (4절)
황폐하였던 곳을 다시 쌓는 일과 무너진 곳을 다시 일으키는 일을 하기 위해 당신이 희생해야 될 것들은 무엇입니까?

6. 고난에 대한 시각과 관련된 질문 (7절)
수치를 당하고 고난을 당할 때 하나님은 무엇을 약속하십니까?

7. 동역자를 찾는 일과 관련된 질문
하나님의 꿈과 계획을 함께 이루어갈 믿음의 파트너를 당신은 어디서 어떻게 찾고 있습니까?

Lesson 4

말씀과의 만남 2
Encountering God's Word 2

소그룹 리더는 삶의 현장에서 경험하는 인간의 고난과 행복에 대한 말씀중심적 시각을 가져야 합니다. 욥의 이야기를 통하여 신앙의 사람들이 경험하는 고난에 대한 바른 이해와 믿음의 응답에 대해 도전받게 됩니다.

성경본문: 욥기 1:1-22

예수 믿고 구원받은 성도들에게도 고난은 찾아옵니다. 하나님의 뜻대로 살려고 애쓰는 이들에게도 고난은 찾아옵니다. 그럴 때 고난이 어떤 의미를 가지는 지, 고난에 대한 성경적인 시각이 정립되어 있지 않으면 신앙이 흔들리거나 믿음의 모습이 왜곡되기도 합니다. 그래서 예수님을 만나는 것 못지 않게 중요한 것이, 예수님을 구주로 영접하고 하나님의 자녀로 사는 동안 겪는 고난에 대해 미리 알고 대비하는 것입니다. 이번에는 욥기를 통해 고난의 원인과 어떻게 하면 믿음으로 이겨내고 고난을 오히려 축복의 기회로 삼을 수 있는지 알아보고, 소그룹 멤버들로 하여금 어떻게 하면 고난을 믿음으로 극복할 수 있도록 도울 수 있는지 배우게 됩니다.

먼저오심

우리 삶의 현장에서 경험하는 고민들을 나누고, 이성과 양심, 근면함으로 그것들을 해결하려던 시도들과 성경적인 해결을 비교해 봅니다.

1. 지금 현재 당신이 직면하고 있는 문제는 무엇입니까?
   당신은 어떻게 그 문제를 풀어가고 있습니까?

   경제적인 문제, 관계의 위기, 건강 문제, 자녀 문제 등.
   노력하고 있습니다. 포기상태 입니다. 매일 작은 실천이 쉽지 않습니다.

2. 욥기 1:12 말씀을 통해 우리가 겪는 고난과 시련중에 어떤 것은 우리의 잘못 때문이 아닐 수도 있다는 생각을 하게됩니다. 우리의 문제가 우리의 잘못이나 실수때문이 아니라면 어떤 다른 이유라고 생각하십니까?

   사탄은 이간질 하며, 거짓증거하며, 고소하며, 분열시키는 존재입니다.
   하나님과 예배자 사이를 이간질해서 시험합니다.

3. 사탄은 하나님을 예배하고 찬양하는 사람들을 향해 그들이 왜 하나님을 찬양한다고 빈정대고 있습니까? (9-10절)
   사탄이 그렇게 말하는 이유에 대해 어떻게 생각하십니까?

   사탄은 하나님 앞에서 욥과 믿음의 사람들이 세상의 현실적인 축복을 받고 잘 살기 위해 하나님을 찬양한다고 말하고 있습니다.

4. 하나님이 사탄의 활동을 허락하시면서 욥에 대해 가졌던 자신감의 내용은 무엇입니까? (8절)

   하나님께서는 욥이 현실적인 축복이나 물질적인 풍족 때문에 하나님을 찬양하는 것이 아니라, 어떤 환경에서라도 찬양하고 예배할 것이라는 자신감을 가지고 계셨습니다.

5. 오늘 본문을 통해 사탄이 욥을 시험하기 전에 하나님은 어떻게 욥과 함께 하셨다고 생각하십니까? 욥이 시험을 받기 전에 이미 그와 함께 하셨던 하나님은 오늘 당신과 어떻게 함께 하십니까? (1-5절)

   온전하고 정직하며 악을 떠난 욥에게 하나님은 자녀와 소유물의 큰 축복을 경험했습니다.
   우리가 누리고 있는 모든 것은 하늘에 계신 하나님께서 우리를 위해 공급하신 것입니다.
   그런 감사의 마음으로, 하나님을 인생의 주인으로 모시고 살아야 하겠습니다. 하지만 육신의 생각과 마음이 어떤 조건속에서는 하나님을 인생의 주인으로 고백하는 것을 가로막기도 합니다.

6. 당신이 하나님을 찬양하는 이유는 무엇입니까?

   하나님은 사랑이십니다. 하나님의 용서하시는 은혜 때문에, 자격없는 자를 자녀 삼으신 사랑 때문에, 온 우주 만물을 지으신 창조주의 능력 때문에, 지금도 우리를 사랑하셔서 인도하시는 은혜 때문에 우리는 하나님을 찬양합니다.

7. 당신은 언제 찬양하십니까? 당신이 힘들고 어려울 때 하나님을 찬양해 본 경험이 있습니까? 그 때 당신의 마음은 어떠했습니까? 찬양은 어떤 유익을 주었습니까?

   기쁘고 즐거울 때 뿐만아니라 힘들고 어려울 때도 하나님을 찬양하십시오. 찬양은 곡조붙은 기도로써 힘들고 어려워 기도하기 힘들때에도 우리 마음과 영혼을 하나님께로 향하게 합니다. 무엇을 기도해야할 지 모를때 찬양은 우리에게 기도의 제목을 보여주고, 우리의 입술로 하나님을 찬양하게 합니다.

사탄은 우리가 하나님에게 받은
물질과 건강, 축복 때문에 하나님을 찬양한다고 빈정댑니다.
그러나 하나님은 우리들이 그런 축복을 받지 않아도
하나님을 찬양할 것이라고 확신하십니다.
아니,
오히려 아무런 이유도 없이 고난을 당한다고 해도
하나님을 찬양하는 마음은 변치 않을 것이라고 확신하십니다.
당신은 당신을 향한 하나님의 이 확신이 틀리지 않는다고
자신할 수 있습니까?
(시편 50:14-15,23; 데살로니가전서 5:16-18 말씀을 읽고
묵상하는 시간을 가지십시오)

만나주심

욥이 고난 속에서 하나님을 만난 것 처럼 우리 역시 고난 속에서 어떻게 하나님을 만날 수 있는지 살펴보는 과정입니다.

1. 욥기 1장에 나타난 하나님은 어떤 분이십니까? (6-12절)

   하나님은 우주 만물을 다스리시는 전능하신 하나님이십니다. 쉽게 이해할 수 없지만 하나님께서는 사탄이라도 무조건 굴복시키는 것이 아니라 일단 기회를 주는 인격적인 하나님이십니다.

2. 욥기 1장에 나타난 하나님의 욥에 대한 믿음은 어느 정도입니까? (8,12절)

   순전하고 정직하여 하나님을 경외하며 악에서 떠난 자입니다.
   자신이 가진 소유를 다 잃어도 하나님을 찬양하는 일에 흔들림이 없는 사람입니다.
   하나님이 인정한 믿음의 소유자입니다. 이러한 믿음을 갖기 위해 욥기를 보는 것은 아닙니까?
   소그룹 리더들에게 도전되는 질문이어야 합니다.

3. 욥기 1장에서 욥은 고난 속에서 어떻게 하나님을 만났습니까? 그 때 욥은 하나님을 향하여 어떤 생각이나 감정을 갖게 되었을까요? (16-17, 19-22절)

   자신의 생각으로 도저히 이해할 수 없는 고난과 어려움이 닥칠때 욥은 무척 당황했을 것입니다.
   슬픔, 아픔, 의심의 생각이 있었을 것입니다. 하나님에 대한 두려움과 원망, 불평 마음도 생겼을 것입니다.

4. 당신도 이유를 알수 없는 고난을 경험한 적이 있었습니까? 욥과 같이 당신이 고난 속에서 만났던 하나님에 대한 경험을 함께 나누어 보십시다.

   고난을 맞닥뜨리게 되면 자신의 모습을 돌아보기도 하지만 주변 사람들을 향한 의심과 정죄의 마음도 생겨납니다. 이유를 알수 없는 고난에 좌절, 실망, 낙심의 마음이 들기도 했습니다.
   그런데 욥과 같은 의인에게 임한 사탄을 통한 고난을 보면서, 왜 하나님이 이런 고난을 허락하셨는지 이해할 수는 없었으나 도저히 알 수 없는 것 까지 받아들여야 하지 않나 그런 생각이 들기도 했습니다.

5. 욥기 마지막 부분을 살펴보면 하나님에 대한 욥의 고백이 변화하게 됩니다. 다음의 본문을 찾아 하나님에 대한 욥의 신앙고백을 찾아 봅시다.

3:1,20	자기의 생일을 저주하니라. 하나님에게 둘려싸여 길이 아득한 사람에게
6:14	낙심한 자가 비록 전능자를 저버릴지라도….
9:31-32	주께서…내옷이라도 나를 싫어하리이다…내가 그에게 대답할 수 없고
40:1-5	나는 비천하오니….다시는 더 대답하지 아니하겠나이다.
42:1-6	주께서는 못하실 일이 없사오며…주여 내게 알게 하옵소서…티끌과 재위에서 회개하나이다.

   우리가 고난 중에 느끼는 하나님과 고난이후에 느끼는 하나님은 다르게 깨닫기도 합니다.

6. 고난 중에 느끼는 하나님의 모습과 고난이 다 지나고 난 후의 하나님의 모습 중에 어떤 것이 하나님의 진짜 모습입니까?

> 하나님은 변함없으신 분입니다. 하나님은 고난 가운데서도 우리를 믿고 신뢰하십니다.
> 하나님은 우리와 인격적인 관계를 맺고 싶어하시며, 인격적인 관계를 소중히 여기시는 분입니다.
> 하나님이 왜 고난을 허락하시는지 알 수는 없지만 리더는 소그룹 멤버들에게 하나님만이 우리의
> 인생을 맡기고 신뢰하기에 합당하신 분이시라는 것을 고백할 수 있도록 인도해야 합니다.

7. 만약 당신이 맡고 있는 소그룹에 지극한 어려움에 처하여 하나님의 은혜와 인도하심을 의심하고, 원망하고, 시험에 든 교우가 있다면 어떻게 그 분을 도울 수 있을까요?

> 정답을 찾는 질문은 아니라 현실적인 가능성과 그 믿음의 대안을 찾아 보는 질문입니다.
> 말로 위로할 수 없습니다. 함께 하고, 힘들고 어려울 때 도와주어야 합니다. 어떤 말도 상처가 되기
> 쉽습니다. 기도하며 말씀가운데 하나님의 인도하심을 기다려야 합니다. 리더의 말보다 하나님의
> 말씀이 시험에 들어있는 교우에게 위로가 될 것 입니다.

8. 욥은 하나님을 향해 원망하는 어리석은 일을 하지 않았다고 말합니다. (22절) 믿음의 사람들은 그의 말씀 앞에서 세상 사람들과는 다른 인생의 태도를 가진 것을 성경은 자주 증언합니다. 다음에 나오는 인물들은 어떻게 하나님을 믿고 고백하고 있습니까?

창세기 22:1-3 아브라함   죽은 자를 살리시며 없는 것을 있는 것처럼 부르시는
하나님 (로마서 4:17)을 믿고 독생자 이삭을 기꺼이 바치는 믿음.

신명기 34:4 모세
건너가지 못하리라는 말씀을 듣고도 지금까지 당신의 도구로 사용해 주신 하나님께 감사하는 믿음.

에스더 4:16 에스더
죽을 수 있다는 것을 알면서 사명을 감당하기 위해 순종하는 믿음. 위험이 있어도 갈 길을 가는 믿음.

다니엘 3:18 다니엘의 세 친구들   하나님이 풀무불에서 건져주지 않으면 그냥 죽을 수도
있다는 것을 알면서도 하나님만 경배하는 신앙고백으로 불속에 들어간 믿음.

고린도전서 9:25 바울
썩지 아니할 면류관을 얻기 위해 달음질하는 믿음

히브리서 11:1-16 믿음의 영웅들
현실속에서 믿음에 대한 보상을 받지 못해도 하나님의 영원한 보상을 믿고 주님을 따르는 믿음.

우리는 인생에서 기대하지 않았던 좋은 일을 만났을 때 "왜 나입니까(Why Me)?"라고 잘 묻지 않습니다.
그런데 뜻하지 않은 고난을 당하면 "왜 나입니까(Why Me)?"하고 묻게 됩니다.
하나님께서 좋은 것을 주실 때에도, 그것을 취하실 때에도 우리에게 언제나 그 이유를 설명하지 않으십니다.
그러나 하나님은 좋은 하나님이며 나를 믿어 주시는 하나님이라는 확신갖기를 기도합니다.
내가 만난 하나님이 어떤 하나님인가를 고백하는 과정에서 그 하나님에 대한 신뢰가
나의 모든 것에 영향을 미칠 것입니다.

다듬으심

고난을 통해 하나님을 향한 나의 시각이 어떻게 바뀌었는지 살펴보고
하나님을 더욱 신뢰하도록 결단하는 시간입니다.

1. 당신의 실수와 잘못 때문에 당하는 고난이 있습니다. 어떻게 이겨낼 수 있었습니까?

   공부를 하지 않아 시험에서 떨어진 경우일 수 있습니다. 더 열심히 공부해야 했습니다.
   음주 운전으로 고생했습니다. 도박으로 어려움을 경험했습니다.
   바람을 피우다가 그 값을 치르었습니다. 하나님과 사람 앞에서 잘못을 인정해야 했습니다.

2. 다른 사람의 잘못 때문에 당신이 어려움에 처하기도 합니다. 하나님께서
   어떻게 도우셨습니까?

   다른 사람에게서 당한 폭행으로 평생 상처를 안고 살아야 하는 경우가 있었습니다.
   하지만 더 어려운 사람들을 도우려고 결심하였습니다.
   부모의 이혼으로 불우한 어린 시절을 보냈습니다. 이혼은 절대반대!
   불량식품 제조업자의 이기심 때문에 식중독을 앓았습니다.
   큰 병으로 확대되지 않도록 도와주셨습니다.

3. 다른 사람을 살리기 위해서 당신이 경험하는 시련과 고난이 있습니다.
   하나님께서 어떻게 축복하셨습니까?

   희생을 통해 다른 사람을 살린 경험을 나누어 봅시다.
   친구에게 직장을 양보하고 나는 세탁소를 개업했습니다.
   아내를 간호하기 위해 승진 기회를 포기했습니다.

4. 당신을 살리기 위해 다른 사람이 겪은 시련과 고난이 있었습니다.
   그 사람은 누구였습니까?

   부모님은 자식들을 위해 아무 조건없이 희생하셨습니다.
   교회개척을 위해 오신 우리 목사님은 모든 희생을 감수하셨습니다.
   초등학교 담임선생님은 우리를 위해 섬으로 오셔서 젊은 시절을 보내셨습니다.
   그분의 은혜와 사랑이 하나님의 사랑을 제게 보여주셨습니다.

5. 고난으로 다가왔지만 후에 하나님의 은혜요, 축복이었던 경험은 무엇입니까?

   중국의 고사성어 - 새옹지마 이야기
   직장에서 실직했지만, 그것을 계기로 부동산 중개업을 시작해서 지금은 안정되었고, 적성에 맞는
   직업을 찾게 되었습니다.
   예루살렘교회에 대한 핍박이 유대인 중심의 교회를 이방, 아시아, 유럽으로 확장시키는 기회가
   되었습니다.

6. 욥은 고난을 통하여 하나님에 대한 신앙이 더욱 깊어졌습니다. 당신에게도
   고난을 경험한 후 하나님에 대한 신앙이 성숙한 경우가 있지 않았습니까?
   그런 경험을 나누어 주시기 바랍니다.

   미국 이민을 시작하면서 자신의 무능력함에 낙심하고 좌절했습니다. 섣부른 욕심때문에 재산도 잃고,
   사람도 잃고, 건강도 잃었습니다. 그러나 고난의 과정속에도 하나님께서는 함께 계셨습니다.
   미국에 오지 않았다면 하나님을 바라보지 않았을 제게 하나님을 바라고, 기대하고, 의지하는 신앙이
   생겼습니다. 자신의 힘으로 어느 것도 할 수 없을 때 하나님께서 나의 아버지 되시는 것이 얼마나
   감사했는지 모릅니다. 어려운 시기에 더 큰 은혜를 주십니다.
   조금만 어려워도 실망하고, 원망했는데 이제 감사의 조건을 찾으려고 합니다.

7. 고난을 통한 신앙의 성숙 이후, 하나님에 대한 당신의 태도,
   고난에 대한 당신의 태도는 어떻게 변화하게 되었습니까?

   신앙의 성숙은 고난이후의 축복에 관심을 기울이는 것이 아니라 그 과정 속에서 성장한 우리의
   신앙에 관심이 모아져야 할 것입니다. 소그룹 멤버들이 하나님과 고난을 대한 마음의 태도와
   생각이 어떻게 변화했는지 묻고 답할 수 있도록 인도해 주시기 바랍니다.
   전에는 고난을 그냥 원망만 했었는데 이제는 고난조차도 감사하게 되었습니다, 이제 고난을 통해
   하나님이 어떻게 역사하실지 기대하는 마음을 갖게 되었습니다.

8. 소그룹을 인도하면서 리더의 실수가 아니라 사람들 사이의 관계에서 어려운 일을
   경험하기도 합니다. 이유없는 어려움일 수 있습니다. 그속에서 당신이 경험한
   하나님은 어떤 분이십니까?

   소그룹 멤버들 사이에서 서로 상처를 주고, 입기도 합니다. 감정이 상하면, 관계가 서먹서먹해지고,
   누구 때문에 교회에 안 나온다. 누구 때문에 소그룹에 나올 수 없다고 말하기도 합니다. 때론 리더와
   직,간접적으로 연결되어 자존심 상하고, 체면이 깎이는 일도 있습니다. 관계가 악화되어, 신앙생활에
   큰 어려움을 경험합니다. 심한 경우에는 소그룹 리더를 그만두고 싶은 생각이 들 때도 있습니다.
   바로 그 때 고난 중에 함께 하시는 하나님, 또는 고난을 통해서 더 좋은 일을 이루시는 하나님에 대한
   신뢰와 확신이 힘을 발휘합니다. 하나님, 제게 시험을 이길 능력이 없습니다. 나를 도우소서.
   하나님, 너무 힘듭니다. 나를 위로하소서. 하나님 그만두고 싶습니다. 버틸 수 있는 힘을 주소서.

고난은 하나님께서 우리를 다듬기 위해 사용하시는 도구입니다.
고난을 통해 우리들은 죄를 회개하고 인생의 참된 우선순위를 알게 되며,
하나님의 꿈에 동참하게 됩니다. 고난은 성숙의 기회입니다.
그래서 고난은 축복의 통로가 됩니다.
그것은 하나님이 언제나 옳다는 믿음으로 가능합니다.
당신에게 그런 확신이 있습니까?

 ## 들어쓰심

하나님이 우리에게 고난을 허락하신 이유는 고난을 통하여 우리를 훈련시키시고 변화시킴으로 상처받은 치유자 (Wounded Healer)로 헌신할 수 있게 하기 위함입니다.

1. 과거에 경험, 상처, 아픔 때문에 아직도 마음에 치유되지 못한 상처가 있을 수 있습니다. 당신에게 여전히 회복되지 않은 마음의 상처가 있다면 어떤 것입니까?

    과거의 가슴 아팠던 경험, 남아있는 아픔, 여전히 가슴에 남아있는 선입견이나 편견도 있습니다. 아버지에게 받은 상처 때문에 모든 아버지들을 곱게 바라보지 못하는 시각, 또는 남편이나 아내로 인한 실망 때문에 모든 남편되는 사람들, 또는 아내되는 사람들을 향한 좋지 않은 감정을 가지고 있는 것 등등…. 깊은 마음의 상처를 나눌 수 있는 소그룹이 아니라면 리더의 것을 나누고 지나가는 것도 괜찮습니다. 상처를 나누는 데서 그치는 것이 아니라 회복에 대한 가능성, 경험을 나눌 수 있도록 대화를 인도해야 합니다. 그런 이야기를 나눌 때에 나오는 인물들은 소그룹 멤버들이 알고 있는 주변 사람들은 절대 피해야 하며, 언제나 익명으로 해야 합니다.

2. 당신이 경험한 고난과 어려움이 비슷한 처지에 처한 다른 이들을 더 잘 이해하고 위로할 수 있게 됩니다. 당신에게 그런 경험이 있다면 함께 나누어 봅시다.

    이혼을 경험했기 때문에 이혼하려고 하는 부부들의 어려움과 아픔, 후회 등을 나누며 도와줄 수 있었습니다. 십대자녀의 양육, 나이 많으신 부모님을 봉양하는 문제, 이민의 경험 등은 나누는 것이 어렵지 않습니다. 리더가 경험해 보지 않은 시련을 겪고 있는 다른 사람을 위로하는 것이 쉽지 않은 것을 인정해야 합니다. 쉽고 단정적으로 "믿음으로 이겨내야 합니다. 하나님께서 도우실 것입니다."라고 말하는 것이 더 큰 상처가 될 때도 있습니다. 40대 초반에 남편을 잃은 부인을 위로하려 했지만, 오히려 서운하고 섭섭하다는 반응뿐이었습니다. 최근에 사랑하는 남편이나 아내를 잃은 경우, 어린 자녀가 세상을 떠난 경우 등 입니다.

3. 하나님은 욥에게 자신을 비난했던 친구들을 용서하고 축복기도를 해주라고 명하셨습니다. (욥기 42:7-10) 하나님은 왜 그런 명령을 하셨습니까?

    하나님은 욥으로 하여금 자기를 그렇게 비난했던 친구들을 향한 생각을 바꾸라는 말씀이었습니다. 욥의 마음, 생각과 태도가 바뀌었을 때에 하나님께서는 욥을 그의 친구들을 향한 하나님의 축복의 도구로 사용하셨고 그 후에 욥을 그 전보다 배나 더 축복해 주셨습니다.

4. 다른 사람에 대한 당신의 마음과 생각, 태도가 바뀌게 되어 전혀 기대하지 않은 좋은 결과를 얻은 경험이 있었다면 함께 나누어 주시기 바랍니다.

    하나님을 향한 생각과 태도가 바뀌어지고, 친구들을 향한 생각과 태도가 바뀌어진 욥은 새로운 축복의 통로가 되었습니다.
    예수를 믿고, 미웠던 시어머니/며느리를 용서하게 되었습니다. 마음만 편해진 것이 아니고, 가정의 평화가 왔고, 자녀들이 너무 기뻐합니다. 우리가 겪은 고난이 하나님을 향한 우리의 신앙을 성숙하게 하고, 가족과 이웃을 향한 생각과 태도를 바꾸어주었습니다. 그런 결과로 당신도, 당신의 가족도, 당신이 속한 소그룹도, 하나님께 쓰임 받는 일군이 될 수 있습니다.

5. 지금까지 당신이 직면하고 있는 문제를 해결하려고했던 방법은 무엇입니까?
   성경적인 문제해결 방법은 어떤 것입니까? 고난 속에서 어떻게 하는 것이
   성경적으로 극복하는 길입니까?

   어떤 문제가 생기면, 하나님께 여쭙고 말씀에 입각하여 그 문제를 풀기보다 사람의 방법과 생각,
   계획을 의존해왔습니다.
   문제의 원인은 모두 알 수 없지만 하나님의 도우심을 기대합니다. 어떤 상황속에서도 하나님에 대한
   신뢰를 포기하지 않습니다. 욥은 현실적인 축복이나 물질적인 풍족 때문에 하나님을 찬양하는 것이
   아니라, 어떤 환경에서라도 하나님께 찬양하고 예배하였습니다.
   힘들고 어려울 때일 수록 말씀에 의지해야 합니다.

6. 당신은 고난을 겪으면서 자신에게서 어떤 신앙인의 모습을 발견할 수 있었습니까?
   소그룹리더로서 섬기기 위해 당신에게 어떤 노력이 필요합니까?

   이러한 나눔은 일반적인 내용이나 다른 사람의 이야기가 아니라 자기 자신의 경험, 상황, 형편에
   대해 나눌 수 있어야 합니다.
   어려울 때는 자꾸 숨기고 싶고, 다른 사람과 말하고 싶지 않습니다. 하나님에 대한 원망과 실망으로
   신앙생활을 하는 것이 쉽지 않았습니다. 하나님을 향한 실망과 의심은 다른 사람에게로
   확대되었습니다. 나를 이해해 줄 수 있는 누군가와 편안하게 대화할 수 있기를 바랐습니다.
   어려운 지경에 처해있는 이들에게 대화의 상대가 되고 싶습니다.

성경은 믿음의 사람들에게 고난에서 면제된 삶을 약속하지 않는 대신 고난을 이겨낼
힘을 준다고 약속합니다. 병균없는 세상을 만든다는 약속은 허황된 거짓말입니다.
그러나 병균을 이길 체력을 기르자는 권면은 실천적인 권면입니다. 영적인 유혹도,
시험도, 핍박도 없는 세상은 우리가 죽어 천국에 갈 때 이루어질 일입니다.
현재 육신을 가진 우리는, 늘 우는 사자와 같이 우리를 시험하는 세상에서
우리의 영을 정금같이 단련하여 하나님 나라를 확장하는 데 쓰임받는 귀한 일을
감당할 수 있어야 합니다.

삶의 현장에서

하나님께서는 당신에게 삶의 우선순위와 관점, 꿈을 바꾸고, 인생의 목적을 찾는 일, 삶의 새로운 계획을 세우는 일에 헌신하기를 원하십니다. 또한 소그룹사역을 통해 함께 일할 사람을 만나고, 함께 섬기면서 하나님의 역사를 경험하기를 원하십니다. 이를 위해 지킬 것과 버릴 것을 구별할 수 있어야 하고, 그때 당신은 변화된 삶을 살 수 있습니다.

다음의 본문을 읽고 소그룹에서 사용할 질문을 직접 만들어 보십시오.
우리 삶의 구체적인 터전에서 고난을 새롭게 볼 수 있는 질문이어야 합니다.

욥기 2:1-13

반드시 지정된 본문에서 질문을 만들어야 하는 것은 아닙니다. 다만 제시된 본문에서 질문을 만들어 보는 것이 시간을 절약할 수 있기에 예문과 본문 절수를 표시해 두었습니다.

1. 고난을 통해 배울 수 있는 하나님의 뜻에 대한 질문 (3절)
   3절에서 하나님은 고난 가운데 있는 우리에게 어떤 자세 지니기를 기대하십니까?

2. 고난이 주는 유익에 대한 질문 (3,10절)
   욥이 고난을 당하면서도 입술로 범죄하지 않았을 때 거짓으로 탄로난 사탄의 주장은 무엇이었습니까?

3. 사탄의 정체에 대한 질문 (4-5절)
   사탄은 욥을 칭찬하는 하나님께 뭐라고 대답하며 욥을 괴롭힐 생각을 합니까?

4. 하나님의 공의와 사랑에 대한 질문 (6절)
   하나님은 사단에게 욥을 치는 것을 허락하시면서도 동시에 금하셨던 것은 무엇이었습니까?
   그 이유는 무엇입니까?

5. 고난의 원인에 대한 질문 (7-8절)
욥은 몸의 발바닥에서 정수리까지 악창이 나서 기와 조각으로 온몸을 긁어야 했습니다. 욥이 이런 고난을 당한 것은 무엇 때문이었습니까?

6. 고난받을 때 가져야 하는 성경적인 태도에 대한 질문 (9절)
욥이 고난을 당할 때 아내는 그의 하나님을 욕하고 죽으라고 말했습니다. 그때 욥은 어떻게 반응했나요?

7. 고난을 당할 때 친구들의 역할에 대한 질문 (11-13절)
고난당하는 욥을 보며 친구들은 무엇을 하였습니까?

8. 고난당하는 자들을 찾아가 할 수 있는 일에 대한 질문 (12-13절)
욥의 곤고함이 심한 것을 보고 친구들은 어떤 반응을 보였습니까? 어떻게 고난중의 친구를 위로할 수 있습니까?

9. 실제 적용할 수 있는 구체적인 결단에 대한 질문 (8,10,13절)
고난당할 때 여러분은 어떤 믿음을 가지고 그것을 극복 할 수 있었습니까?

"그러므로 너희에게 구하노니 너희를 위한 나의 여러 환난에 대하여 낙심치 말라. 이는 너희의 영광이니라." (에베소서 3:13)

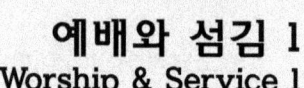

예배와 섬김 1
Worship & Service 1

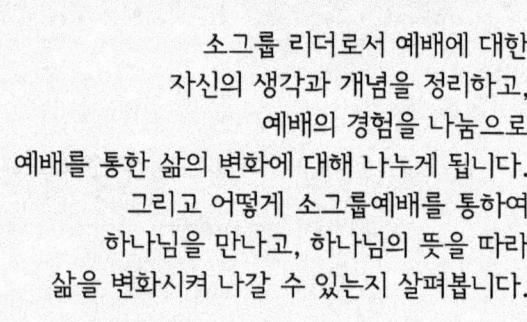

소그룹 리더로서 예배에 대한 자신의 생각과 개념을 정리하고, 예배의 경험을 나눔으로 예배를 통한 삶의 변화에 대해 나누게 됩니다. 그리고 어떻게 소그룹예배를 통하여 하나님을 만나고, 하나님의 뜻을 따라 삶을 변화시켜 나갈 수 있는지 살펴봅니다.

성경본문: 요한복음 4:1-42

먼저오심
우리가 하나님을 찾기 전에 하나님은 우리를 먼저 찾아오십니다.

1. 당신이 예배를 드리는 이유는 무엇입니까?
   구원에 감사하여, 여호와의 이름에 합당한 영광(역대상16:29), 가정의 평화를 위해.

2. 예배에 빠졌을 때 죄책감을 느껴본 적이 있습니까? 각자의 경험을 나누어 봅시다.
   안식일을 거룩하게 지키라. 교회에 처음 출석하기 시작했을 때와 지금 나의 모습은 어떠합니까? 교회에 한번 빠진다고 해서 구원이 취소되는 것도 아닌데 왜 우리는 죄책감을 가지게 될까요?

예수님은 갈릴리로 가시는 길에 사마리아를 지나십니다.

3. 예수님이 사마리아를 지나가신 이유는 무엇일까요 (4, 7-10절)?

    예수님은 사마리아 여인을 만나기 위해 이 길을 택하셨고, 그 여인을 통해서 이방인(사마리아인)에게도 구원의 길이 열려있음을 보여주셨습니다.

4. 본문을 보면 예수님은 사마리아 여인이 와 달라고 부탁하지 않았지만 수가성 우물 곁에서 그 여인을 기다리고 계셨습니다. (4-7절) 이것은 무엇을 의미할까요? 예수님께서 여인을 먼저 찾아가신 이유는 무엇이라고 생각하십니까?

    사마리아 여인은 예수에 대한 소문은 들어 알고 있었지만 스스로 예수를 찾아 나설만한 형편도, 용기도 없었을 것입니다. 그런 여인을 위해 예수님은 찾아오셨습니다. 죄인을 위해 사람의 모습으로 성육신하신 예수님께서, 이방여인을 찾아오신 것은 놀랄만한 일이 아닙니다. 사람들이 업신여긴 여인을 귀하게 여기신 예수님, 잃은 영혼을 찾아 동네사람들에게 새생명의 위력을 보여주신 예수님, 그 은혜로 주님께서 여러분을 찾아오셨습니다.

5. 사막에서의 더위를 상상해 봅시다. 왜 예수님은 하필 정오(제 육시쯤)에 우물가에 가셨다고 생각하십니까? (6-8절)

    물을 좀 달라(7절), 여인에게 생명수에 대한 대화를 하기 위함은 아니었을까요? 이방여인을 통해 새로운 구원의 길이 열려있음을 보여주십니다.

6. 예수님께서 당신이 예수 그리스도를 구주로 고백하기 전에 먼저 당신을 찾아오신 이유는 무엇이라고 생각하십니까?

    내가 죄인이라는 사실을 자각하기 전에 십자가에서 나의 죄를 위하여 생명을 주신 예수님, 내세울 것이 없는 나, 이방인이었던 내게 구원의 기회를 주셨습니다. 잃은 양을 찾아나선 목자처럼 잃은 영혼을 찾아 제게도 오셨습니다.

7. 당신이 소그룹 리더가 되는 과정에 있어서 하나님께서는 어떻게 먼저 당신을 찾아오셨다고 생각하십니까?

    개인의 신앙적 경험을 나누는 시간이 될 수 있습니다. 시간을 제한하여 소그룹 리더들에게 간결하게 말하는 훈련의 시간이 되게 이끌어 주십시오. 또한 과거의 어떤 경험들이 하나님께서 소그룹 리더로 세우기 위해 인도하셨는지 나눌 수 있도록 인도해 주십시오.

8. 당신이 소그룹 리더로서 소그룹 멤버들로 하여금 그들의 삶 속에 하나님께서 먼저 가셔서 기다리고 계신다는 것을 이해하도록 도울 수 있는 방법은 무엇입니까?

    소그룹의 초대, 소그룹 구성원들의 사랑, 소그룹에서 경험하는 은혜는 우리가 하나님을 찾기 전에 먼저 우리에게 오신다는 은혜를 보여주는 증거입니다. 또 다른 믿음의 증거를 나눌 수 있도록 토론을 이끌어 주십시오.

그리스도의 제자를 만드는 것이 교회의 사명이라면, 이 사명에 예배가 끼치는 영향은 말로 다 표현할 수 없습니다. 그러므로 예배와 섬김은 서로 불가분의 관계를 가집니다. 예배의 의미에 대해 진지하게 다시 생각해 보아 할 이유가 바로 여기에 있습니다.

먼저, 예배는 '나'와 '나의 경험'을 중시하는 경향에서 벗어나 하나님과 예수 그리스도를 섬기는 일을 더욱 중시하도록 돕습니다. 또한 예배는 하나님을 만나고, 하나님께 자기를 드리며, 하나님의 뜻을 분별하는 시간입니다. 온 성도가 하나되는 믿음의 공동체로서의 교회에 대해 더욱 관심을 가질 수 있게 하고, 섬김을 통해 하나님께 영광을 돌릴 수 있는 거룩한 행위로 우리의 관심을 전환시켜 줍니다.

'궁극적으로 예배는 그의 백성에게 행하신 하나님의 권능에 대한 사람들의 응답'이라고 할 수 있습니다. 예배는 하나님과 사람 사이에 이미 일어난 영적 관계를 다시 확인하고 계속 반복하는 것입니다. 그러므로 예배에는 신적인 면과 인간적인 면이 함께 공존합니다. 하나님께서는 예배를 통해서 친히 구원의 이야기를 전하고 실현해 가십니다. 이러한 구원의 이야기란 창조와 타락, 예수의 성육신과 십자가에서의 죽으심과 부활, 그리고 다가올 새 하늘과 새 땅을 통해 이루어질 구원의 완성을 일컫습니다. 사람들은 구원의 이야기를 예배내의 기도와 찬송, 설교와 간증 그리고 성례전 참여 등을 통해 경험하고, 이야기 속으로 들어가 자신도 그 구원사의 일부가 됩니다. 이처럼 예배가 바르게 이해되고 드려질 때, 성도들은 예배의 형식과 내용까지 포함하여 참된 복음 안으로 들어가게 됩니다. 또한 성도들은 자신의 삶이 예배를 통하여 바른 모습을 갖게 되고, 그렇게 살기 위해 노력하게 됩니다. 이처럼 예배는 예배를 드리는 사람들 뿐만아니라 비그리스도인들을 위한 외적인 증거도 되는 것입니다.

예배를 통해서 은혜를 체험한 성도들은, 새 힘과 용기를 얻을 수 있고, 예배에 참석한 믿지 않는 사람들은 하나님의 구원으로 인도하는 초청을 받아들여 응답할 수 있게 됩니다. 그래서 교회는 예배 공동체이며 동시에 섬김의 공동체인 것입니다.

예배의 성례전-
기독교 예배의 가장 중요한 거룩한 예전(**聖禮**)인 세례와 성만찬은 죄인이었던
우리에게 열려있는 하나님 나라로의 첫 초대장이며,
그 초청에 응답한 믿음의 사람들에게는 하나님의 은혜를 경험하는 통로가 됩니다.

 ## 만나주심

하나님은 예배를 통해 우리와 만나시고 우리의 삶을 변화시키시는 살아 계신 하나님이십니다. 예수님을 만난 후, 특별히 예배에서 하나님을 경험한 당신의 모습을 나누어 봅시다.

1. 당신이 예배에 참여할 때, 가장 중요하다고 생각하거나 느끼는 부분은 무엇입니까?

    예배에는 여러 가지 요소들이 있습니다 찬송, 기도, 중보기도, 목회기도, 성가대 찬양, 설교 등 은혜를 받은 구체적 경험과 그 이유를 나누어 봅시다. 예를 들면, 예배 중에 부른 찬송가에서 하나님의 응답이나 위로를 받은 경험이 있을 것입니다.

2. 당신의 예배 경험 가운데 가장 기억에 남는 예배는 언제였습니까? 그 이유는 무엇이었습니까?

    첫 성찬예식, 세례예식, 성탄절, 부활절, 추수감사예배, 선교현장에서 영어 혹은 외국어 예배, 한영합동예배 등등...
    첫 자녀의 세례예식, 왜 가슴에 남는 특별한 예배가 있을까요?

> 예수님과 사마리아 여인의 대화는
> 상식에서 벗어나는 행동입니다.

3. 예수님께서 보여주신 행동은 왜 사마리아 여인을 놀라게 했습니까? (9절)
   당신이 사마리아 여인이라면 어떤 반응을 보이겠습니까?

    그 당시 유대인은 사마리아 사람과 서로 대화하거나 교류하지 않았습니다. 뿐만아니라 남자가 여자에게 먼저 말을 거는 것은 일반상식을 벗어난 행동이었습니다. 사마리아 여인은 당황하였으면서도 예수에 대한 호기심도 있었을 것입니다.
    '당신이 사마리아 여인이라면' 이라는 질문은 성경의 말씀에 자신을 대입시켜보는 상상력을 키우는 질문입니다. 질문의 형태에 대해 지적한 다음 소그룹 리더들이 이런 질문을 만들 수 있게 도와 주십시오.

4. 예수님이 사마리아 여인에게 "생수"에 대해 말씀하신 이유는 무엇이었을까요? (10-15절)

    사마리아 여자에게 가장 필요하고 절실했던 것이 바로 '물'이었습니다. 예수님은 그 여인의 필요와 관심을 통해서 대화를 시작하셨습니다.

5. 예수님께서 사마리아 여인을 만나셨을 때 그 여인의 삶에서 어떤 부분에
   먼저 관심을 보이셨습니까? (13-19절)

   생수가 필요한 영혼의 목마름 - 삶의 무가치함, 허망함, 무기력함을 느끼고 있다는 것에 가장 먼저
   관심을 보이셨습니다. 그리고 남편에 대한 문제를 통해 여인의 갈등과 메시야를 기다리는 여인에게
   자신이 구세주 되심을 보여줍니다. 그 여인의 어두운 삶은 다름 아닌 그녀의 결혼과 현재의
   삶이었으며, 예수님께서는 현실의 문제를 해결하려고 오셨다는 것입니다. 우리가 죄를 고백할 때
   하나님은 용서와 은혜를 베풀어 주십니다.

6. 예수님이 당신의 삶 중 어떤 부분에 가장 많은 관심을 가지고 계신다고
   생각하십니까? 왜 그렇게 생각하십니까?

   예수님은 나의 아픔과 고통에 많은 관심을 가지고 계십니다. 내가 잘하고 있는 것, 문제없는 영역에
   주님의 도우심이 별로 필요하지 않을 것입니다. 그러나 우리가 어려움과 고통당할 때에 예수님은
   우리의 문제 한 가운데 먼저 와 계십니다. 하나님은 우리의 감추어진 죄까지 모두 알고 계십니다.
   우리의 중심을 아시는 분이 하나님이십니다.

7. 사마리아 여인은 예수님이 누구신지를 깨닫게 될 때 예배의 참 의미를 이해하게
   됩니다. (23-26절) 당신에게 예수님은 어떤 분이십니까?

   사마리아 여인에게 그리스도의 소식은 자신과 같은 죄많은 영혼도 하나님께 소중한 존재라는
   자기회복, 구원의 메시지입니다. 사마리아 사람들도 그리스도-메시야를 기다리고 있었습니다.
   하나님 나라의 회복, 정치적인 독립과 자주국가건설의 의미도 있었지만 그것은 내 안에 참된
   하나님의 나라가 이루어지는 것입니다. 제게도 예수 그리스도를 만난 것은 새로운 생명의
   출발지점이며, 인생의 목적이 바뀌게 되는 지점이었습니다.

8. 예수님은 당신이 소그룹 리더로서의 역할을 잘 감당하도록 당신보다 먼저 소그룹
   모임을 생각하시고, 계획하신다는 것을 믿을 수 있습니까? 그렇다면 당신이
   느끼는 소그룹을 인도해야 하는 부담감이나 책임감에 어떤 변화를 경험할 수
   있을까요?

   우리 삶의 현장에 주님은 먼저 와 계십니다. 당신이 인도하는 소그룹속에, 그 관계속에, 멤버들이
   매일의 삶 속에서 경험하는 많은 문제들 가운데 예수님은 먼저 와 계십니다. 소그룹 인도를 위한
   부담감과 책임감도 그 문제 속에서 우리를 만나주시는 예수님께 맡겨야 하겠습니다.

다듬으심

하나님께서 기뻐하시는 예배를 드리기 위해 당신은 어떠한 노력을 하고 있는지 생각해 보고, 이를 위한 삶의 우선순위와 관점의 변화에 대해 생각해 봅시다.

1. 신앙생활을 하면서 당신의 예배태도에서 변한 것이 있다면 어떤 부분입니까?

   어렸을 때 예배드리던 태도와 지금의 모습을 비교해 보십시오.
   뜨거운 첫사랑의 마음으로 예배하던 때와 지금의 모습.
   성령의 뜨거운 체험 후에 드린 예배.
   혹시 지금의 예배는 습관적인 예배가 된것은 아닙니까?

2. 예수님은 사마리아 여인의 삶의 문제뿐만 아니라 예배에 대한 생각도 바꾸어 주셨습니다. (21-24절) 어떻게 바꾸어 주셨습니까? 그 생각을 그렇게 바꾸어 주심으로 그 여인의 예배생활은 어떻게 달라졌을 것이라고 생각하십니까?

   예배의 장소가 아니라 영과 진리, 신령과 진정으로 예배하는 것이 중요하다는 것을 깨달았습니다.
   형식적인 예배, 장소에 얽매이는 예배로 부터 자유로와 졌을 것입니다.

3. 당신이 속한 소그룹예배를 위해 가장 적합한 장소는 어디라고 생각하십니까? 그 이유는 무엇입니까?

   예배는 어느 곳에서나 드릴 수 있지만 특별히 하나님의 임재를 잘 체험할 수 있는 곳이면 더 좋을 것입니다. 가정에서 돌아가면서 예배를 드릴 수 있고, 식당이나 공원에서 예배할 수도 있습니다. 물론 교회에서 모이는 것도 가능합니다. 다만 시끄러운 장소나 잦은 방해를 받는 곳은 피하는 것이 좋습니다.

4. 사마리아 여인을 만나주신 예수님은 여인의 예배에 대한 관점을 변화시켜 주셨습니다. 당신이 예수님을 만나기 전에 생각했던 예배와 예수님을 만나고 난 후에 생각했던 예배에는 어떤 차이가 있습니까?

   예수님을 만나기 전의 예배는 이해할 수 없고, 너무 길고 무의미하며, 심심한 시간이었습니다. 그러나 예배 중에 당신을 만나주신 하나님께서 당신의 삶을 변화시켜 주신 경험이 있습니다. 목사님의 설교말씀이 살아있는 하나님의 음성으로 들렸습니다. 찬양단의 찬양에 제 마음이 담긴 기도가 드려졌습니다. 헌금시간에 대한 부담이 없어지고, 귀한 헌신의 시간이 되었습니다.

5. 예배 가운데 하나님의 거룩한 임재를 느껴 본 적이 있습니까? 어떤 경험이었습니까? 그러한 예배를 드리기 위해 지금 당신이 해야 할 일은 무엇입니까?

   하나님의 거룩한 임재는 가슴이 뜨거워지는 느낌과 흐르는 눈물로 나타나기도 합니다. 준비하는 마음도 중요합니다. 하지만 은혜는 하나님께서 전적으로 부어주시는 것입니다. 준비의 정도보다 순종하려는 마음의 제사가 드려질 때 하나님의 임재하심과 만져주심을 예배를 통해 경험합니다.

> 예수님은 사마리아 여인에게 "신령과 진정으로(개역) -
> 영과 진리로(개역개정/표준새번역) 예배하는 때"가
> 올 것이라고 말씀하셨습니다. (요한복음 4:24)

6. "영과 진리"로 드리는 예배는 어떤 예배일까요?
   (요한복음 4:20-24; 로마서 12:1-2 참고)

   답이 금방 나오지 않을 때는 본문을 직접 찾아 함께 읽어 봅니다. 신령과 진정, 영과 진리로 드리는 예배는 우리의 영이 하나님의 영(성령)과 만나는 것 입니다. 예배 안에는 예배자의 진실한 마음과 선포되는 진리의 말씀이 있어야 합니다.

7. 소그룹 멤버들이 신령과 진정으로 하나님을 예배함으로 예배를 통하여 하나님을 만나고 삶의 변화를 경험하도록 어떻게 도울 수 있을까요?

   소그룹 모두가 예배를 준비하는 일에 동참하도록 서약을 하는 것도 방법이 될 수 있습니다. 토요일 밤에 일찍 자기, 헌금 미리 준비하기, 예배시간 10분 전에 도착하기, 주보를 보고 찬송가와 성경본문 미리 찾아놓기, 소그룹이 예배 30분 전에 미리 모여 예배를 위하여 함께 기도하기, 등등... 또한 예배위원(안내, 헌금, 주차)이나 다른 모양으로 섬길 수 있습니다. 예배중에 임하시는 하나님의 현존을 표현하는 것은 쉽지 않습니다. 하지만 예배를 맞이하는 우리의 마음가짐이 예배의 성공과 실패를 좌우할 때가 많습니다.

8. 신령과 진정으로 드려지는 예배라면 모든 예배를 통하여 우리는 하나님을 만날 수 있어야 합니다. 그럼에도 불구하고 예배를 통해 하나님을 만나지 못하는 것은 무슨 이유 때문인가요?

   관성적, 습관적 예배도 있었습니다.
   나의 생각과 고집이 마음을 장악하고 있다면 예배를 통해 하나님을 만나는 것이 쉽지 않습니다.
   순종하지 않으려고 하면 하나님의 음성을 듣지 않으려고 하기 때문에 하나님의 임재하심을 경험할 수 없습니다.

9. 당신은 집에서 가정예배를 드리고 계십니까? 드리고 있다면 그 장점은 무엇입니까? 드리고 있지 못하다면 왜 가정예배가 어렵습니까?

   가정예배를 드리고 있다면 어떻게 시작하게 되었습니까? 자녀들과 은혜를 나눌 수 있습니다.
   가족이 함께 예배하는 시간을 가지게 됩니다.
   어려운 이유는 가족이 모이기 힘든 시간의 문제가 있습니다. 누군가 자꾸 빠지게 되면 가정예배를 지속하는 것이 쉽지 않습니다. 중/고등학교를 다니는 자녀들은 점점 학교일정이 전체 삶을 지배하기도 합니다. 바빠진 자녀들과 함께 일주일에 한번 가정예배를 드리는 것도 방법이 될 수 있습니다.

예배자로 부름받은 당신에게

소그룹예배

- ▶ 예배는 하나님의 살아계심을 기대하고 인정하는 데서 출발합니다.
- ▶ 하나님은 우리를 주관적으로 만나시고, 언제 어디서나 우리에게 힘과 위로를 주시는 분임을 기억해야 합니다.
- ▶ 하나님의 말씀은 삶의 현장과 밀접하게 연관되어 있음으로 모든 크고 작은 일에 중요한 지침이 되어야 합니다.
- ▶ 예배의 목적은 우리 삶의 변화(Transformation)를 통하여 하나님께 영광돌리는 일에 있음을 상기해야 합니다.
- ▶ 예배는 매일 매일의 삶과 동떨어지지 않아야 합니다.
- ▶ 성도가 함께 모여 "드리는" 거룩한 행위(Work)가 예배입니다.
- ▶ 누구나 하나님께 가까이 나갈 수 있도록 도와야 합니다.
- ▶ 중요하지 않다고 생각하는 것들 속에서 중요성을 발견해야 합니다.
- ▶ 우리의 삶에 기쁨을 발견하는 예배가 되도록 준비해야 합니다.
- ▶ 소그룹 예배는 기도가 곧 일상의 삶, 숨쉬는 일임을 보여주어야 합니다. (데살로니가전서 5:17 "쉬지말고 기도하라.")
- ▶ 살아계심과 화평케 하는 사역이 바로 예배입니다.
- ▶ 예배는 자신의 은사(Gift)를 통해 섬기는 시간입니다.
- ▶ 다양한 창의력을 살려 소그룹으로 예배할 수 있습니다.
- ▶ 개인의 중요한 일들(Personal Calendars)도 배려해야 합니다.

대그룹예배

- ▶ 항상 기도로 준비해야 합니다.
- ▶ 교회(The Church)를 "한몸" 되게 하는 예배가 되어야 합니다.
- ▶ 예배는 성례전적(Sacramental)이어야 합니다. 예배의 다양한 요소들을 통하여 모두가 하나님의 은혜를 경험하도록 도와야 합니다. (촛불, 물, 재, 기름, 빵, 포도주, 천, 사용하는 용기들, 포옹, 웃음 등)
- ▶ 예배에 참여하는 사람들은 하나님 만나기를 갈망한다는 사실을 명심해야 합니다.
- ▶ 예배를 통한 신앙고백이 일상의 삶 속에서 "세례"서약이 생활의 중심으로 고백되어야 합니다
- ▶ 예수를 그리스도로 고백하는 것, 성부, 성자, 성령 하나님을 믿는 것, 말과 행동에서 악한 세력을 물리치는 것, 성경을 읽고 그 가르침에 따라 생활하는 것, 교회의 일원으로 사역에 참여하며, 기도, 재물, 시간과 재능을 드려 교인의 의무를 다하는 것 등.
- ▶ 예배는 매일 매일의 삶을 통하여 드려져야 합니다 – 주일예배와 삶의 연결, 봉사와 선교가 하나로 묶여져야 합니다 (Connecting Worship and Life – Service and Mission)
- ▶ 예배를 통해 창조적인 사역의 모습이 나타납니다.
- ▶ 신학적 용어는 이해하기 쉽게 설명되어야 합니다.
- ▶ 서로에게 다른 문화가 있음을 주지해야 합니다.
- ▶ 가능한 포용적인 언어(Inclusive Language)를 사용해야 합니다.
- ▶ 특정 연령이나 계층의 사람이 아닌 예배에 참여할 수 있는 모든 사람들을 염두에 두어야 합니다.
- ▶ 장로, 권사, 집사 및 평신도 모두가 참여하도록 격려해야 합니다.
- ▶ 교회력(Church Calendar)과 교회력에 따른 말씀(Lectionary)은 균형잡힌 예배를 준비할 수 있게 합니다.
- ▶ 지역과 국가 공휴일(Local and Civil Calendars)도 염두에 두어야 합니다.
- ▶ 예배환경을 위해 눈에 잘 띄지 않는 것들에도 주의를 기울여야 합니다. 예배환경의 개선을 위해 계속해서 노력해야 합니다.

 ## 들어쓰심

하나님은 예배를 통해 우리 자신은 물론 교회를 변화시키고, 이를 통해 우리 주변에서 일어나는 사건에 개입하기 원하십니다. 하나님이 예배를 통해서 당신에게 원하는 변화는 무엇인지 생각해 봅시다.

1. 사마리아 여인이 자신을 찾아오신 분이 구세주라는 것을 깨닫고 난 후 어떤 일이 벌어졌습니까? (28-30절)

    여인은 물동이를 버려두고 동네로 돌아갑니다. 28절
    자신의 행한 일을 지적한 그분이 그리스도임을 고백합니다. 29절
    그녀의 고백을 통해 많은 사람들이 예수님께 나아옵니다. 30절

2. 예수님은 사마리아 여인을 변화시킴으로 수가성에 꼭 필요한 사역자로 삼으셨습니다. 소그룹 리더인 당신은 예배를 통하여 어떤 변화를 경험하십니까?

    찬양을 통해 자신이 제물로 드려지는 것을 경험합니다.
    기도하는 시간을 통해 하나님의 음성을 들으려고 노력합니다.
    말씀을 통해 매주 같은 결단을 하는 것은 아니지만 새로운 신앙의 다짐을 하게 됩니다.
    소그룹 리더의 역할중에 섬김과 사랑에 대해 도전을 예배를 통해 항상 받게됩니다.

3. 삶의 현장(직장, 교회, 가정)에서 하나님의 임재를 느낄 때는 언제입니까?

    직장 혹은 사업체에서 기도할 때, 운전하면서 찬양하거나 말씀을 들을 때, 가정예배, 말씀묵상 시간.

4. 주일예배에는 찬양, 기도, 설교, 헌금, 등 많은 순서가 있습니다. 어떤 순서가 당신에게 가장 큰 은혜와 감동이 됩니까?

    찬양, 기도, 설교, 헌금, 안내, 헌금위원
    예배에 참여하는 순종의 결단과 마음이 은혜를 받게 합니다.

5. 이러한 예배의 감동과 은혜를 어떻게 하면 당신이 속한 소그룹예배를 통해 경험할 수 있을까요?

    소그룹멤버들과 함께 예배를 통해 은혜를 받을 수 있도록 기도해야 합니다. 함께 참여할 수 있어야 합니다. 작은 순서, 여러 아이디어, 여러사람의 헌신이 모여야 합니다. 주일예배나 소그룹예배, 예배를 전후로 영적전투가 극심하게 나타납니다. 예배를 방해하는 악한 세력을 그리스도의 이름으로 물리쳐야 합니다.

> 교회는 '모인 회중'인 동시에 사역을 위해 '흩어진 회중'입니다.
> 다시 말해서, 교회는 부르심을 받은 회중의 모임이자 보내심을 받은 회중이라는
> 뜻입니다. 교회의 이러한 이중적 기능은 숨을 들이마시고 내뿜는 것과 같이
> 하나로 연결되어 있는 없어서는 안될 중요한 요소입니다.

삶의 현장에서

소그룹 예배를 위한 소그룹 리더, 나의 서약

나는 소그룹 예배에 하나님의 임재하심을 위해 매일 기도하겠습니다.

나는 소그룹멤버들의 예배참석을 방해하는 여건과 상황이 극복되도록 기도하겠습니다.

나는 소그룹 멤버들을 위해 매주 2회이상 기도하겠습니다.

나는 소그룹멤버 가정의 자녀들을 위해 매주 2회이상 기도하겠습니다.

나는 소그룹 예배의 찬양, 삶의 나눔을 위해 최선을 다해 준비합니다.
찬양은 미리 불러보고, 삶의 나눔은 말씀을 읽고 묵상으로 준비할 것입니다.

나는 소그룹 예배의 기도순서에 모든 구성원들이 골고루 참여하도록 격려하겠습니다.

나는 의미있는 소그룹 예배가 되도록 항상 새로운 아이디어를 찾습니다.

나는 일주일에 한 사람 이상, 소그룹 멤버를 직접 만나겠습니다.

나는 소그룹예배에 결석한 사람에게 사랑의 인사를 전하겠습니다.

나는 예배장소를 제공하는 가정을 위해 협력하겠습니다.

나는 모든 멤버들이 소그룹 예배에 참여하도록 연락할 것입니다.

나는 우리교회의 다른 소그룹 예배를 위해 매주 기도하겠습니다.

예배와 섬김을 위한 나의 서약

나는 매주일 예배에 참여하겠습니다.

나는 주중에 있는 예배와 교회 행사에 참여하기 위해 노력하겠습니다.

나는 성찬에 참여하고 그 은혜를 사모할 것입니다.

나는 주일예배를 위해 일주일에 한 번 이상 기도하고 준비할 것입니다.

나는 예배를 돕는 이들과 설교자를 위해 일주일에 한 번 이상 기도할 것입니다.

나는 교회의 중보기도제목을 위해 일주일에 한번 이상 기도하겠습니다.
(교우, 리더, 소그룹사역, 선교사들과 세계 평화, 지도자들을 위해)

나는 예배에 참여하는 이들과 방문자를 위해 기도하겠습니다.

나는 일주일에 한 번 이상 나의 도움을 필요로 하는 사람들을 위해 기도하고 방문하겠습니다.

나는 일주일에 한 시간 이상 외로워하는 사람들과 도움을 필요로 하는 사람들을 위해 할애할 것입니다.

나는 하루에 한 시간 이상 나의 자녀들과 함께 하겠습니다.

나는 하루에 한번씩 가족들과 의미있는 시간을 가지도록 노력할 것입니다.

Lesson 6
예배와 섬김 2
Worship & Service 2

부름받은 성도들이 모여서 함께 드리는
예배의 목적과 기능에 대해 생각해 보고,
예배를 통하여 우리 삶의 터전에서
하나님의 나라가 어떻게
확장될 수 있는지 살펴봄으로써
섬김을 통한 선교와 예배가
하나로 연결되어 있음을
다시 확인합니다.

성경본문: 사도행전 2:1-47

먼저오심

예배는 사람들이 고안해 낸 것이 아니라 '하나님의 선물'입니다. 하나님은 예배를 통하여 하나님의 거룩한 임재를 경험하도록 우리를 초대하십니다. 이러한 초대는 개인적이면서 동시에 공동체적입니다. 성경은 하나님의 백성들이 모이는 곳에 하나님이 현존하실 뿐 아니라, 개개인의 변화된 삶을 통하여 하나님 나라가 확장되기를 원한다고 증거합니다.

1. 당신은 예배를 어떻게 준비하십니까? 예배를 준비하다가 어떻게 하나님의 임재와 은혜를 경험하셨습니까?

찬양팀/성가대원들이 예배를 준비하면서 미리 은혜를 받습니다.
성찬을 준비하면서 주님의 십자가 희생때문에 감격합니다.
예배시작 직전에 기도하다가 가슴이 멍멍해지는 경험을 합니다.
헌금을 준비하면서 거룩한 산제사로 드려지는 헌신을 기억합니다.

2. 하나님은 제자들에게 성령으로 세례를 주시기 전에 어떻게 그들을 준비시키셨습니까? (참고: 사도행전 1:13-14)

하나님의 은혜와 도움, 힘과 능력과 지혜를 간절히 사모하는 마음으로 전심으로 기도하고 있었습니다. 예수님께서 십자가에 못 박히실 때에 모두 도망갔던 제자들이 예수님이 부활승천 하신 후에 그렇게 날마다 모여서 기도했다는 것은 그들이 어떤 은혜를 이미 받았다는 것을 보여줍니다. 하나님은 제자들을 성령으로 충만하게 하시기 전 이미 그들에게 함께 모일 수 있는 담대함을 주셨고, 더 열심히 기도하게 하셨습니다.

3. 당신이 하나님께 예배하기 위하여 희생해야 하는 것들은 어떤 것들입니까? 그런 것을 희생해가면서까지 하나님을 예배한다는 것은 이미 어떤 은혜를 받았다는 것입니까?

우리는 시간, 물질, 정성을 드려서 예배합니다. 늦잠 잘 수 있는 기회, 집안 일, 취미생활에 보낼 수 있는 시간을 드립니다. 하나님을 사모하는 마음, 예배를 기뻐하는 마음, 예배생활이 익숙하게 되었다면 그런 희생들을 희생으로 생각하지 않는 마음으로 은혜받을 준비를 갖추게 됩니다. 우리가 예배를 통하여 하나님을 만나려고 할 때에 이미 하나님은 먼저 우리를 만나주신다는 것입니다.

4. 오순절에 성령을 체험한 사람들은 어디에 모여 있습니까? 그 이유는 무엇이라고 생각하십니까? (1-2절) 오늘 당신에게 그런 장소가 있습니까?

제자들은 마가의 다락방에 모여서 기도하고 있었습니다.
당신이 기도하는 곳은 어디입니까? 교회, 가정, 혹은 일터 에서 기도하는 공간이 있습니까?
기도를 위해 정해진 시간과 장소가 있어야 합니다.

5. 각 사람이 성령충만하여 받은 은사는 무엇이었습니까? 그 이유는 무엇이라고 생각하십니까? (3-13절) 당신이 받은 '은사'는 무엇입니까?

방언은 성령의 은사 가운데 하나일 뿐입니다. 그리고 방언은 자신의 구원을 확증하게 하고, 다른 사람들에게 예수님이 '주님되심을 증거'하려는 하나님의 목적이 있는 은사입니다.
본문에서 말하는 성령의 충만함(4절)은 은사의 체험만을 말하는 것이 아닙니다. 전체적인 이해를 위해 성령의 은사(고린도전서 12:4-11, 로마서 12:6-9)와 성령의 열매(갈라디아서 5:22-26)에 대한 성경본문을 직접 찾아보고, 소그룹 리더에게 꼭 필요한 은사에 대해 토론하시기 바랍니다.

6. 베드로의 설교를 오늘 당신에게 주시는 하나님의 말씀으로 듣는 훈련이 필요합니다. (14-36절) 순서에 상관없이 임의로 나누어 자신에게 주는 말씀으로 정리해 봅시다.

본문을 간단하게 다시 요약합니다. 잠깐 2-3분정도 시간을 주는 것도 좋습니다.
자유롭게 이야기하도록 하되, 오늘 지금 내게 주는 말씀으로 듣는 것이 중요합니다.

7. 성령을 선물로 받기 위해 어떠한 삶의 변화가 필요할까요?

회개, 세례, 죄사함, 성령을 선물로 받으리니(38절)
하나님과의 관계회복입니다. 죄인, 원수에서 의롭다 칭함받은 하나님의 자녀로.

8. 우리에게 성령을 선물로 주시는 이유는 무엇일까요?

성령의 은사(Gift)는 선물입니다. 또한 성령 충만한 삶은 그에 합당한 열매를 맺습니다.
성령의 은사와 열매는 성경이 약속하신 예수 믿는 사람의 증거입니다.
5번문제의 리더용 답변을 참고하십시오.

교회가 그의 진정한 사명을 잘 감당할 때,
교회는 세상 속에서 하나님이 살아 계심을 증거함은 물론
세상을 섬기는 신앙의 공동체가 될 수 있습니다.
이것은 교회가 단순히 은혜의 통로에 그치지 않고 더 나아가
하나님의 은혜가 가장 잘 드러날 수 있는 곳이라는
뜻이기도 합니다. 그러므로 교회가 복의 근원이 될 때,
사회적 구원의 통로까지 될 수 있습니다.

교회가 개 교회 회중만을 위해 존재하면 영적인 병에 걸리지만,
선교적 사명과 사회를 위한 봉사를 계속한다면
오히려 그 존재의 한계를 뛰어넘을 수 있습니다.
사도행전 2장은 이러한 교회의 모습에 대해 증거합니다.
"그들이 사도들의 가르침을 따라 모이기에 힘쓰고 떡을 떼어 나누며
기도하기에 전혀 힘쓰니라."(사도행전 2:42)
이처럼 선교적 사명을 다하던 교회의 모습이 고린도전서에도
나타나는데, 그들은 복음을 전하며 다른 사람들이 은혜를
체험하도록 자신의 교제 장소를 기꺼이 내주었을 뿐만
아니라 주님의 성찬을 기념하는 일에 힘쓰면서
세상을 위한 중보와 하나님의 역사를 전하는 데
노력했습니다. (고린도전서 11:26)
그러므로, 교회의 근본적인 기능은 증거하는 것(witness)과
성도의 교제(fellowship),
그리고 따로 또 같이 봉사(service)하는 것입니다.

목회와 사역 Ministry = Service
목회(ministry)는 교회가 세상을 섬기는 사역(service)이라
말할 수 있습니다.
즉, 교회는 단순한 '봉사기관'이 아니라
봉사를 통해 세상을 변화시키고
하나님의 구원사역을
이루어 가는 것을 중요한 사역으로 삼는다는 뜻입니다.

 ## 만나주심

하나님은 예배를 통해서 우리를 만나시기를 원하십니다. 하나님은 어떻게 예배를 통하여 우리를 만나주시는지 그리고 그런 만남을 통하여 우리에게 어떤 은혜를 주시는지 살펴봅시다

1. 하나님과 만나는 예배가 교회 밖에서 만나는 다른 모임과 차별되는 것은 무엇입니까? 당신이 속한 소그룹의 예배가 당신의 신앙생활에 어떤 영향을 주고 있습니까?

    예배는 하나님을 만나는 시간입니다. 세상의 만남은 사람과 사람이 만나는 시간입니다. 예배는 사람의 헌신을 전제합니다. 세상의 만남은 개인적인 친분이나 이익관계를 중심으로 만납니다. 예배의 주인공은 하나님이십니다. 세상 만남의 주인공은 나 자신입니다.
    소그룹의 예배는 대그룹예배에서 경험하기 힘든, 편안함, 친근함, 벽이 없는 자유로움이 있습니다. 이러한 소그룹예배는 하나님의 말씀을 수동적으로 받기만 하는 것이 아니라 나의 마음과 생각을 솔직하게 내어놓고, 다른 믿음의 사람들과 하나님의 지혜를 나눌 수 있는 시간이 됩니다.

2. 교회 밖에서 어떤 사귐과 교제에 대한 경험을 나누어 보고 (직장, 동문회, 향우회, 사업관련 모임, 계모임 등등) 교회의 (대그룹)예배와 소그룹예배가 믿지 않는 사람들에게 어떤 기능을 할 수 있을지 생각해 봅시다.

    성도들의 교제는 그 목적에 있어서 교회 밖의 친교나 교제와 분명한 차이가 있습니다. 하지만 교회안에서의 만남이라고 해서 늘 성경이야기나 긍정적인 신앙의 대화가 이루어지는 것은 아닙니다. 세상에서의 만남은 자기이익과 순간적인 기쁨, 향락을 위한 모임이기 쉽습니다. 그런 이들에게 교회의 예배는 하나님께서 임재하시는 거룩한 시간, 공간을 경험하는 첫 기회가 될 수 있습니다. 예배는 교회를 모르는 이들에게 신앙공동체를 직접 보고 경험하게 해주며, 하나님의 거룩하심을 확인할 수 있는 기회가 됩니다.

3. 하나님은 여러 예배를 통하여 조금씩 다른 방법, 또는 다른 모습으로 우리를 만나주십니다. 하나님께서 주일예배, 수요예배, 새벽기도회를 통해 어떻게 당신을 만나주십니까?

    하나님은 모든 예배를 통하여 항상 똑같이 역사하시는 분이 아닙니다. 주일예배는 하나님을 향한 경배와 사랑, 순종과 헌신의 마음을 갖도록 만나주시고, 수요예배는 주중에 피곤하고 지친 마음과 영혼을 달래어 주는 은혜로 만나주시며, 찬양/기도회 때에는 마음의 모든 무거운 짐을 십자가 앞에 다 내려 놓도록 해 주시고, 새벽기도회에는 삶의 많은 문제들을 가운데서 하나님께서 역사하신다는 것을 깨닫도록 우리를 만나주십니다. 소그룹예배에서는 성도의 만남과 사귐을 인도하시는 은혜를 보여주십니다. 교회의 여러 공예배에 꼭 출석하시기 바랍니다.

4. 사도행전 2장에서 하나님은 오순절 사건을 통하여 제자들을 강하게 만나
주셨습니다. 그리고 그런 만남으로 인해 제자들의 삶은 확실한 변화가 있었습니다.
우리 교회의 예배를 통하여 하나님께서 당신에게 경험하기를 원하시는 것은
무엇입니까?

> 강한 영적 체험은 살아계신 하나님에 대한 증거이며, 그 과정에서 다양한 성령의 은사와 열매를
> 경험하게 하십니다. 예배를 통하여 하나님께서 당신에게 원하시는 체험이 무엇인지 생각해 보시기
> 바랍니다. 하나님은 똑같은 은사와 열매를 주시는 것이 아니며, 똑같은 체험을 주시는 분이
> 아니십니다. 다양한 은사와 열매, 체험을 통해 교회는 그리스도의 몸으로 지어져 가는 것입니다.

5. 당신의 신앙성장과 성숙을 위해 소그룹 모임을 통한 다른 성도들과의 교제를
나누고 있습니까? 어떠한 교제에 참여하고 계십니까?

> 참여하고 있는 소그룹(셀, 선교회, 사역 팀등)에 대해 나눕니다.
> 성경공부, 제자훈련이나 말씀묵상 나눔방 등에 참여할 수 있습니다.

6. 당신의 첫 성찬식 경험을 기억하십니까? 당신은 성찬을 통하여 하나님의 은혜를
어떻게 경험하셨습니까?

> 출신교회의 배경에 따라 첫 성찬의 경험이 모두 다를 것입니다. 어린아이에게 성찬을 베푸는
> 연합감리교회, 성인세례교인, 세례교인 등 성찬에 참여하는 여러 교회의 전통이 다릅니다.
> 하지만 예배의 중요한 예전인 성찬을 통해 하나님께서 사람들을 만져주시는 은혜를 기억하고,
> 함께 나눌 수 있는 기회입니다. 리더의 경험을 간단하게 나누는 것으로 시작하면 됩니다.

 **다듬으심**

초대교회에서는 여러 변화와 이적이 일어났습니다. 오늘 당신에게, 그리고 당신이 섬기는 교회에 예배를 통하여 어떠한 변화가 일어나고 있는지 생각해 봅시다.

1. 하나님은 온 맘과 정성을 다해서 사모하는 마음으로 하나님께 예배하고 기도하는 제자들을 성령충만함으로 만나주셨을 뿐 아니라 또한 그들을 다듬어 주셨습니다. 그들이 체험한 하나님의 다듬으심, 변화는 어떤 것이었습니까? (42절)

    예수 그리스도의 구세주 되심에 대한 믿음이 확실해 졌으며, 핍박을 두려워하지 않고 오히려 예수님의 고난에 동참하는 것을 기쁘게 여기는 마음을 얻었습니다. 교회는 사도의 가르침을 받아 서로 교제하며 떡을 떼며 기도하기에 힘을 다하였습니다. (42절)

2. 본문에서 말하는 '기사와 표적' 가운데 가장 중요한 것들은 어떤 것이라고 생각하십니까? (43-45절)

    초대교회에 있었던 일이 무엇입니까? 그러한 역사적 기록이 있습니까? 회개와 변화된 삶, 신앙/생활공동체에 속한 초대교회 사람들, 병고침과 성령의 역사하심에 대한 기사와 표적이 있었습니다.

3. 하나님께서 초대교회에 보여주신 기사와 표적들은 제자들에게 어떤 의미가 있었습니까? 오늘의 예배를 통하여 당신을 만나주시고, 당신의 생각과 삶을 다듬어가시는 하나님은 어떤 계획을 가지고 계신다고 생각하십니까?

    단순한 기적이 아니라 하나님은 살아계시며 믿는 자들을 통하여 역사하신다는 확신을 갖도록 해 주었습니다. 혹시 당신은 병고침과 같은 기사와 표적만을 찾고 있지는 않습니까? 하나님이 당신에게 원하시는 삶의 변화는 과연 무엇입니까?

4. 하나님의 계획대로 당신의 모습이 온전히 다듬어 진다면 주변에 있는 사람들과 당신의 관계가 어떻게 달라지게 될까요? 믿지 않는 친구들은 당신에게 어떤 반응을 보입니까?

    예배를 통한 성령의 역사는 변화와 열매에 있습니다. 예수를 믿는 사람에게 가장 구체적인 변화는 주위의 사람들과의 관계에서 나타나야 합니다. 믿지 않는 친구들에게 하나님의 영광을 위해 살기로 결심한 당신의 모습은 어떻게 비춰지고 있습니까? 당신의 가족이나 교회에서 가장 친한 사람은 당신에게서 어떤 변화를 보고 있습니까?

5. 예배는 정해진 시간에 교회에서만 드리는 것이 아닙니다. 개인적으로 하나님의 말씀인 성경을 읽고 묵상하는 것도 예배입니다. 개인적인 기도생활도 하나님께 드리는 예배입니다. 당신의 경건생활은 어떠합니까?

예배는 주일오전에 한번 드려지는 행사가 아니라 교회 혹은 신앙공동체의 예배에서 개인과 가정의 신앙고백적 삶과 실천으로 연결되는 것입니다. 매일 말씀묵상이 주는 유익과 꾸준한 기도생활이 쉽지 않은 이유에 대해서도 나누고, 어떻게 하면 규칙적인 경건생활을 할 수 있는지 경험을 나누도록 합니다.

들어쓰심

하나님은 교회를 구별하여 세우시고, 교회를 통해 당신의 계획을 보이시며, 우리를 그 도구로 삼아 참여하도록 초대하십니다. 우리 각자가 속해있는 교회를 통하여 어떻게 그런 초대에 응답할 수 있는지 생각해 봅시다.

1. "집에서 떡을 떼며 음식을 나누었다"는 것은 구체적으로 무슨 의미입니까? (46절)

   한 솥밥을 나눈다는 한국적인 표현의 뜻은 무엇입니까? 왜 집에서 모였을까요? 아마 회당에서는 매일 모이지 못했기 때문일 것입니다. 예수님의 재림을 기다리는 긴박성, 현실적인 핍박을 피하기 위한 공동생활, 초대교회 공동체의 사는 모습입니다.

2. "온 백성에게 칭송"을 받았다는 것은 무슨 뜻일까요? (47절)
   지금 우리는 어떠한 일들을 할 수 있을까요?

   "법이상을 실천하는 사람들"이라는 칭찬을 받았던 초대교회 교인들은 유대인들과 이방인들에게 신앙과 삶의 전반에 걸쳐 영향력을 미칠수 있었습니다. 미국사회에서 한인이민공동체가 감당할 수 있는 많은 일들이 있습니다. 어느 이민공동체보다 활발한 한인교회가 지역사회를 섬기는 통로를 열 수 있습니다. 당신이 속한 소그룹은 지역사회를 위해 어떤 봉사를 할 수 있습니까? 크고 놀라운 일이 아니어도 작고 보잘 것 없는 사람을 섬기는 작지만 꾸준한 사랑의 실천이 칭찬받을 만한 일이 될 수 있습니다.

3. 당신과 당신 가족, 당신이 속한 소그룹이 교회와 지역사회 공동체를 위해 어떤 봉사를 할 수 있습니까?

   교회 안에서 시작할 수 있습니다. 연로한 교우, 혹은 이웃을 돌보는 일을 시작할 수 있습니다. 일 년에 한 두 번이라도 교회가 돕는 지역 선교단체의 일이나 다른 선교사역을 온 가족이 함께 도울 수 있습니다. 또한 당신이 속한 셀, 속회, 구역, 남/여선교회 등이 함께 봉사할 수 있는 기회를 찾을 수 있습니다.

4. 하나님께서 당신에게 어떤 은사를 주셨다고 생각하십니까?
   당신은 소그룹 리더로서 갖추어야 할 은사 중에 어떤 은사를 받았습니까?
   하나님은 당신에게 주신 그 은사를 어떻게 사용하기를 원하신다고 생각하십니까?

   소그룹 리더 훈련을 받는 분들은 섬김의 은사로 소그룹 리더역할을 할 수 있는 분들입니다. 혹시 나는 할 수 없다고 생각하는 분들이 계신가요? 이번 훈련을 통해서 그런 은사를 확인하고 쓰임받을 수 있기를 바랍니다. 각자 받은 은사는 꼭 한 개만 있는 것은 아닙니다. 가장 두드러지게 나타나는, 또는 자신 있게 말할 수 있는 은사에 대해 함께 나누고, 하나님께서 이 은사를 어떻게 사용하길 원하시는지 분별해야 하겠습니다.

5. 당신이 교회안에서 더 적극적으로 참여할 수 있는 사역은 무엇입니까?

주일아침 당신이 섬길수 있는 사역은 무엇이 있나요?
수요일 저녁, 목요일, 새벽기도, 아침기도, 토요일 등등...
시간이 없는 것이 아니라 시간을 찾는 당신의 적극적인 노력이 필요한 것 아닙니까?

6. 당신의 삶의 자세와 비전을 바꾸어 놓은 예배를 드린 경험이 있습니까? 어떤 변화가 있었습니까?

주일 예배 말씀을 통해 도전받아 새로운 자세와 비전을 가진 경험이 있습니까?
예배를 통해 경험한 새로운 변화의 경험은 무엇입니까?

7. 당신의 소그룹에 속한 개인이나 소그룹 전체가 교회의 예배와 섬김을 위해 감당할 수 있는 일은 무엇입니까?

신앙공동체의 변화와 그 열매는 예배를 통해 시작하여, 사역을 통해 열매맺게 됩니다.
매일 매일의 삶을 통해 예배를 드린다는 것은 무슨 의미입니까?

삶의 현장에서

로마서 12:1-13을 읽고, 예배과 섬김을 주제로 당신이 인도하기 위한 소그룹 질문을 준비하시기 바랍니다.

성경본문을 묵상하면서, 그 의미를 찾고, 당신에게 주시는 하나님의 음성을 듣는 것이 첫 단계입니다. 먼저 듣는 하나님의 음성은 당신에게 허락하신 은혜입니다. 당신이 경험한 은혜가운데 진실한 삶의 나눔이 가능하기 때문입니다. 또한 그 음성 중에 당신이 속한 소그룹에게 주시는 좋은 질문을 찾아야 합니다. 이것은 밭에 감추인 보화를 찾는 것과 같은 작업입니다. 이미 심기워져 있으나, 믿음의 눈으로 그 보화를 찾아야 합니다. 소그룹에 사용하기 위한 질문은 당신이 직접 만드는 것이 가장 좋습니다.

당신의 교회에서 사용하고 있는 소그룹 교재가 있다면 그것을 사용하기 전에 그날의 성경본문을 직접 묵상하는 습관을 가지십시오. 하나님의 말씀이 직접 당신에게 말씀하시는 음성을 들으십시오. 그 과정을 거쳐 준비된 질문을 다시 한번 읽어보면서 당신의 나눔을 준비하십시오. 질문을 읽어내려가다가 이렇게 질문을 바꾸어 보면 어떨까라는 질문을 하십시오. 소그룹 삶의 나눔에 사용해야할 질문을 주시는 분은 하나님이시지만 이 땅에서 당신의 소그룹을 가장 잘 알고 있는 사람은 하나님 다음으로 당신이기 때문입니다. 이것은 기도의 과정입니다. 소그룹에 속한 영혼들을 위해 하나님의 마음으로 기도하는 사람이 보화와 같은 질문을 찾아내는 사람입니다.

이번에는 주어진 말씀본문을 통해 여러분이 자유롭게 질문을 만드는 훈련입니다. 성경본문을 읽으며, 그 내용을 정리할 수 있는 질문을 만드십시오. 그 본문에 누가 어디서, 무엇을 하고 있는지 물으시고, 그 질문이 오늘을 사는 당신과 어떻게 연결될 수 있는지 물으시기 바랍니다. 준비된 질문들이 하나의 주제로 잘 연결되는지, 소그룹에 속한 이들의 마음을 잘 열어 줄 수 있는지 깊게 생각하십시오.

혹시 어디서 어떻게 시작할 지 잘 잡히지 않는다면 교재 5,6과 예배와 섬김에 제시된 질문을 다시 읽어보십시오. 혹시 그 질문 중에 당신이 읽은 본문과 연관되는 내용이 있는지 확인하십시오. 그 질문을 바로 사용하는 대신 당신의 소그룹에 필요한 질문으로 고쳐서 사용할 수 있습니다.

로마서 12:1-13 (개역개정)

1. 그러므로 형제들아 내가 하나님의 모든 자비하심으로 너희를 권하노니 너희 몸을 하나님이 기뻐하시는 거룩한 산 제물로 드리라 이는 너희가 드릴 영적 예배니라

2. 너희는 이 세대를 본받지 말고 오직 마음을 새롭게 함으로 변화를 받아 하나님의 선하시고 기뻐하시고 온전하신 뜻이 무엇인지 분별하도록 하라

3. 내게 주신 은혜로 말미암아 너희 각 사람에게 말하노니 마땅히 생각할 그 이상의 생각을 품지 말고 오직 하나님께서 각 사람에게 나누어 주신 믿음의 분량대로 지혜롭게 생각하라

4. 우리가 한 몸에 많은 지체를 가졌으나 모든 지체가 같은 기능을 가진 것이 아니니

5. 이와 같이 우리 많은 사람이 그리스도 안에서 한 몸이 되어 서로 지체가 되었느니라

6. 우리에게 주신 은혜대로 받은 은사가 각각 다르니 혹 예언이면 믿음의 분수대로,

7. 혹 섬기는 일이면 섬기는 일로, 혹 가르치는 자면 가르치는 일로,

8. 혹 위로하는 자면 위로하는 일로, 구제하는 자는 성실함으로, 다스리는 자는 부지런함으로, 긍휼을 베푸는 자는 즐거움으로 할 것이니라

9. 사랑에는 거짓이 없나니 악을 미워하고 선에 속하라

10. 형제를 사랑하여 서로 우애하고 존경하기를 서로 먼저 하며

11. 부지런하여 게으르지 말고 열심을 품고 주를 섬기라

12. 소망 중에 즐거워하며 환난 중에 참으며 기도에 항상 힘쓰며

13. 성도들의 쓸 것을 공급하며 손 대접하기를 힘쓰라

먼저오심

먼저오심의 질문은 자신의 삶과 성경본문을 연결하도록 도와주는 질문이며, 소그룹 모임을 시작하며 누구나 쉽게 마음의 문을 열 수 있는 아이스브레이크 형태의 질문도 가능합니다. 다만 부담없는 질문을 찾으려다 성경적인 삶과 우리 삶의 문제가 분리되지 않도록 주의해야 합니다. 예수님을 알기 전에 우리가 겪은 삶의 경험과 고민들을 이성과 양심, 근면함으로 해결하려고 했던 인본주의적 시도와 우리가 인지하기 전에 이미 베풀어진 하나님의 은혜에 기초한 성서적인 삶을 비교할 수 있는 질문이 되어야 합니다.

만나주심

먼저오심의 질문이 성경의 이야기와 우리 삶의 접촉점을 찾게 해주었다면, 이제 만나주심을 통해 우리 삶 속에서 역사하시는 예수님과의 만남을 확인해야 합니다. 만나주심의 질문은 예수님을 만난 후 예수님이 어떤 분인지를 우리가 알고, 어떠한 변화가 있었는지 고백하는 과정이 담겨야 합니다.

다듬으심

예수님을 만난 후 삶의 우선순위와 관점, 당신의 꿈이 어떻게 바뀌었는지 혹은 어떻게 바뀌어야 하는 지를 깨닫고, 실제로 바꾸어 가는 과정을 나눌 수 있는 질문입니다.

들어쓰심

하나님께서 우리를 다듬으신 이유는 우리에게 주신 삶의 목적에 따라 헌신하고 계획하며 동역자들과 함께 나누고 섬기는 삶을 살게 하기 위함임을 고백합니다.

삶의 현장에서

본문을 통해 확인된 하나님의 이야기가 우리의 삶 속에서 어떻게 실천되어야 할지를 묻는 질문으로 소그룹 모임은 마무리 되어야 합니다. 다양한 삶의 정황 속에서 자유롭게 역사하시는 하나님의 손길을 배우고, 이를 통해 신앙적인 도전은 물론 격려도 받게 됩니다.

"삶의 현장"에서는 소그룹 멤버와 리더가 가정, 직장, 자기 삶의 현장에서 하나님의 말씀, 성경을 통해 배운 교훈을 적용할 수 있는 구체적인 실천의 계획을 세울 수 있는 질문입니다. 신앙의 실천을 위한 마음의 결단을 돕는 질문은 쉽지 않습니다. 솔직하고, 겸손한 실천계획이 나누어져야 다른 소그룹멤버들도 자신의 결단을 나눌 수 있습니다.

Lesson 7

영성과 기도 1
Spirituality & Prayer 1

기도는 구원받은 이들이 하나님과 영적관계를 맺으며
그분의 음성을 듣고, 대화를 나누는 시간입니다.
요한 웨슬리는 하나님의 은혜를 경험하는
영성생활 중에서 가장 중요한 통로는
지속적인 기도라고 말합니다.
소그룹 리더의 영성생활은 바로
"그리스도 안에 사는 삶"(갈라디아서 2:20)입니다.

성경본문: 마태복음 7:7-11

먼저오심

성경은 여러 본문에서 기도생활에 대해 구체적으로 가르쳐 줍니다. 성경과 교회의 전통이 가르치는 기도의 본질에 대해 알아봅시다.

1. 당신의 기도생활을 다른 사람이 평가한다면 몇 점이나 점수를 줄까요?
   당신은 얼마나 기도를 중요하게 여기는 사람입니까?

   50점, 70점, 90점이상을 말하는 사람이 거의 없을 것입니다. 기도하는 사람이라는 평가가 두렵습니다. 실제로 그렇지 못합니다. 기도하지 않는 사람이라는 평가가 정확하지만 변화를 원합니다. 열심히 하는 사람은 아니지만 매일 기도제목을 놓고 기도하는 것이 쉽지 않습니다. 매일 하는 것은 식사기도입니다. 아니 식사기도도 제대로 못할 때도 있습니다. 잘못을 지적하기 보다 이제부터 잘해봅시다라는 분위기로 나아가야 합니다.

2. 당신은 주로 어떤 내용의 기도를 하고 있습니까? (7절)

   나의 필요/소원을 이루어달라는 기도가 많습니다. 오늘 본문 7절에서도 "구하라 그리하면 너희에게 주실 것이요"라고 말하고 있습니다. 구하는 기도가 틀린 것이 아니라 당연한 것입니다. 하지만 그와 더불어 우리가 간구해야 할 다른 기도제목들이 많이 있습니다. 먼저 "그의 나라와 그의 의를 구하라" (마태복음 6:33)는 말씀처럼 하나님 나라를 위한 기도를 하는 성숙함이 필요합니다. 신앙성숙을 위한 기도, 전도대상자를 위한 기도, 재해를 당한 사람들, 이웃을 위한 기도, 나라와 민족을 위한 기도, 교회를 위한 기도, 세계평화를 위한 기도 등.

3. 하나님께서는 우리가 간구하기 전에 우리에게 있어야 할 것을 다 알고 계십니다. (마태복음 6:8) 그런데 왜 우리가 필요를 요청하는 기도를 해야합니까? (11절)

모든 부모는 자녀가 그들에게 와서 함께 시간을 보내며 마음을 열고 온갖 이야기를 다 할 수 있기를 원하시듯 하나님께서도 기도를 통해 우리와 만나 함께 대화하시기를 원하십니다. 하늘에 계신 아버지에게 구하는 자에게 좋은 것으로 주시겠다는 약속(11절)을 주셨습니다.

4. 하지만 우리는 무엇을 하나님께 기도해야 할지 잘 모릅니다. 그러한 우리에게 어떤 도움이 있습니까? (참고: 로마서 8:26)

마땅히 기도할 바를 알지 못하는 우리를 위해 성령께서 우리의 연약함을 도와 기도할 제목을 알게하시며, 우리를 위해 간구해주십니다. 성령께서는 우리를 위해 탄식하며 기도하시며, 예수님께서도 우리를 위해 간구하고 계십니다. (로마서 8:26, 34) 우리는 하나님의 은혜와 인도하심이 없이는 올바른 믿음의 삶을 살 수 없는 존재입니다. 하나님의 도우심으로 기도해야 합니다. 우리는 기도할 수 있습니다.

5. 기도를 통해 영적인 힘을 얻거나 응답받고 하나님께 감사드린 경험을 함께 나누어 봅시다.

최근에 경험한 구체적인 사례, 기도응답, 병고침의 경험 등을 함께 나누면서 서로를 격려합니다. 성령께서, 주님께서 우리를 위해 기도해 주시는 것은 우리가 인생의 수레를 끌고가는 것이 아니라 인생을 이끌어가시는 분은 하나님이심을 고백하는 것입니다.

기도, 소그룹 리더의 호흡

하나님과의 대화

우리는 언어 기도와 묵상 기도를 통해 하나님과 교통할 수 있습니다. 여기에서 교통이라는 단어는 사람이 하나님께 또는 하나님께서 사람에게 일방적으로 말하는 것이 아니라, 하나님과 사람이 함께 대화하는 것을 의미합니다.
출애굽기 33:11에서는 모세가 하나님과 대화하는 장면을 보여주는데, 이런 대화가 기도입니다. 기도의 목적은 하나님과 영적 관계를 맺고, 그것을 유지하기 위한 것이기에 생명을 위한 호흡처럼 영성생활에서 기도는 필수입니다.
그래서 기도는 우리의 영적 호흡이며, 하나님과의 대화라고 말합니다.

우리의 소원을 아뢰며 하나님의 뜻을 구함

신약성경에서 사용된 기도라는 단어는 "간청하다"라는 뜻의 라틴어 동사 precari와 연결되어 있습니다. (마태복음 6:33; 7:7-11) 이 단어의 의미처럼 기도는 하나님께 우리가 원하는 바를 아뢰며 도와주심을 간구하는 것입니다. 그러나 이것은 우리의 뜻을 하나님께 일방적으로 강요하는 것이 아니라 우리를 향한 하나님의 뜻을 알기위한 것으로, 내 뜻보다 하나님의 뜻이 이루어지기를 구하는 것입니다. 위의 성경구절에 씌인 "간청하다"라는 단어는 우리의 소원을 아뢰는 모습과 함께 하나님의 뜻을 구해야 함을 가르쳐줍니다.

영적 무장

영성생활에서 우리는 악령과 성령의 역사를 동시에 체험합니다. 그래서 성경은 우리의 영을 넘어뜨리려는 악령에 맞서 깨어 기도해야 한다고 가르칩니다.
마태복음 26:39에서 예수께서 "나의 원대로 마옵시고 아버지의 원대로 하옵소서" 기도하시는 것을 보면, 우리는 기도생활을 통해 하나님께서 허락하시는 은혜와 영적인 힘을 얻을 수 있을 뿐만 아니라, 악령에 맞서 성령의 역사를 이루어 나갈 수 있는 것을 알게 됩니다. 영적 무장의 다른 의미는, 우리가 생활 속에서 경험하는 고독, 절망, 좌절, 상처, 그리고 고통속에서 기도를 통해 이겨나갈 수 있음을 뜻합니다. 기도는 우리의 마음과 생각, 그리고 삶을 지켜주는 힘입니다. (빌립보서 4:6-7)

은혜의 수단

성경이 가르치는 복음과 성결을 강조해온 신앙운동의 지도자 요한 웨슬리는 하나님의 은혜를 경험할 수 있는 다섯 가지 은혜의 수단에 대해 강조해 왔습니다. 그것은 성경공부, 기도, 성만찬, 금식, 그리고 소그룹 신앙공동체입니다.
이 은혜의 수단들은 하나님의 은혜를 경험하며 우리가 바른 영성생활을 해 나갈 수 있는 통로가 되어줍니다. 웨슬리는 이 중에서도 기도가 가장 중요하며, 우리의 삶 자체가 영적인 기도의 삶이 되어야 한다고 말했습니다.

 ## 만나주심

영성생활의 중심에 기도가 있습니다. 이것은 신앙생활의 가장 중심에 기도가 있다는 말입니다. 왜냐하면 기도는 우리의 필요를 하나님께 구하는 것 뿐아니라 하나님과 교제하는 시간이기 때문입니다.

1. 어렵고 힘든 가운데 기도를 통하여 세상이 줄 수 없는 힘과 용기를 얻은 경험이 있습니까? 어떻게 그런 힘과 용기를 얻을 수 있었습니까?

    기도를 통하여 하나님께서 우리를 만나주시기 때문입니다. 하나님께서 지혜를 주시고, 그 길을 보여주셨습니다. 하나님의 도우심과 축복하심에 대한 약속을 확신할 수 있었습니다. 구체적으로 간섭하시는 하나님의 음성을 듣기도 했습니다.

2. 성경이 우리에게 가르치고 있는 기도내용은 어떤 것들인지 살펴봅시다.
    마태복음 22:37-40, 에베소서 1:15-19, 빌립보서 1:9-11, 골로새서 1:9-12을 읽어 보십시오.

    성경에서 가르치는 기도는 하나님과의 관계에 대한 내용이 주된 설명인데 우리가 드리는 기도는 삶의 필요에 대한 제목이 많습니다. 하나님을 내가 마음을 다하여 사랑하고 섬겨야 할 분, 즉, 깊은 인격적인 교제를 나누어야 할 분으로 보는 것보다 힘들고 어려울 때에 우리를 도와 주시는 분으로 인식하는 것이 많은 사람들의 하나님에 대한 이해이기도 합니다.

3. 당신은 하나님은 어떤 분이라고 생각하십니까? 당신의 마음에 떠오르는 대로 단어를 적어보십시오. 그것을 초대교회 교인들이 인식한 하나님과 비교해보십시오.
    (참고: 사도행전 4:23-31)

    초대 교회 교인들은 하나님을 섬겨야 할 분으로 인식한 반면, 우리는 대부분의 경우 하나님을 나의 필요를 채워주시는 분, 즉, 나를 섬기는 분으로 인식하는 경우가 많습니다. 당연히 초대교회 교인들의 기도내용은 하나님과 그 나라, 그 백성을 위한 기도가 많았을 것이고, 우리가 섬김의 대상이고 싶어하는 현대인들의 기도는 자기중심적인 기도가 많아졌습니다.

4. 기도할 때에 무슨 말을 어떻게 시작해야 할지 몰라 막막했던 적은 없으셨나요? 당신은 어떻게 기도를 시작하십니까?

    처음 신앙을 가질 때 모두 경험하게 되는 내용입니다. 많은 이들도 그렇지만 신앙생활을 시작할 때 우리는 주로 원하는 것을 이루어 달라고 기도합니다. 하지만 그것이 잘못된 것은 아닙니다. 하지만 하나님과의 관계를 소중히 여기고, 하나님의 뜻을 알기위한 순종의 기도로 나아가야 하겠습니다.

5. 기도는 하나님을 만나는 시간이라고 한다면 우리의 기도생활은 어떻게 달라져야 하겠습니까?

가능하면 기도는 의도적, 규칙적, 그리고 시간을 정해놓고 하는 것이 좋습니다. 물론 걸어가면서 기도할 수 있고, 집안일 하면서, 운전 중 신호를 기다리면서 기도하는 것도 좋습니다.
그러나 좀 더 깊은 영성과 기도생활을 위해서는 계획적으로 시간을 정해놓고 하는 것이 좋습니다.

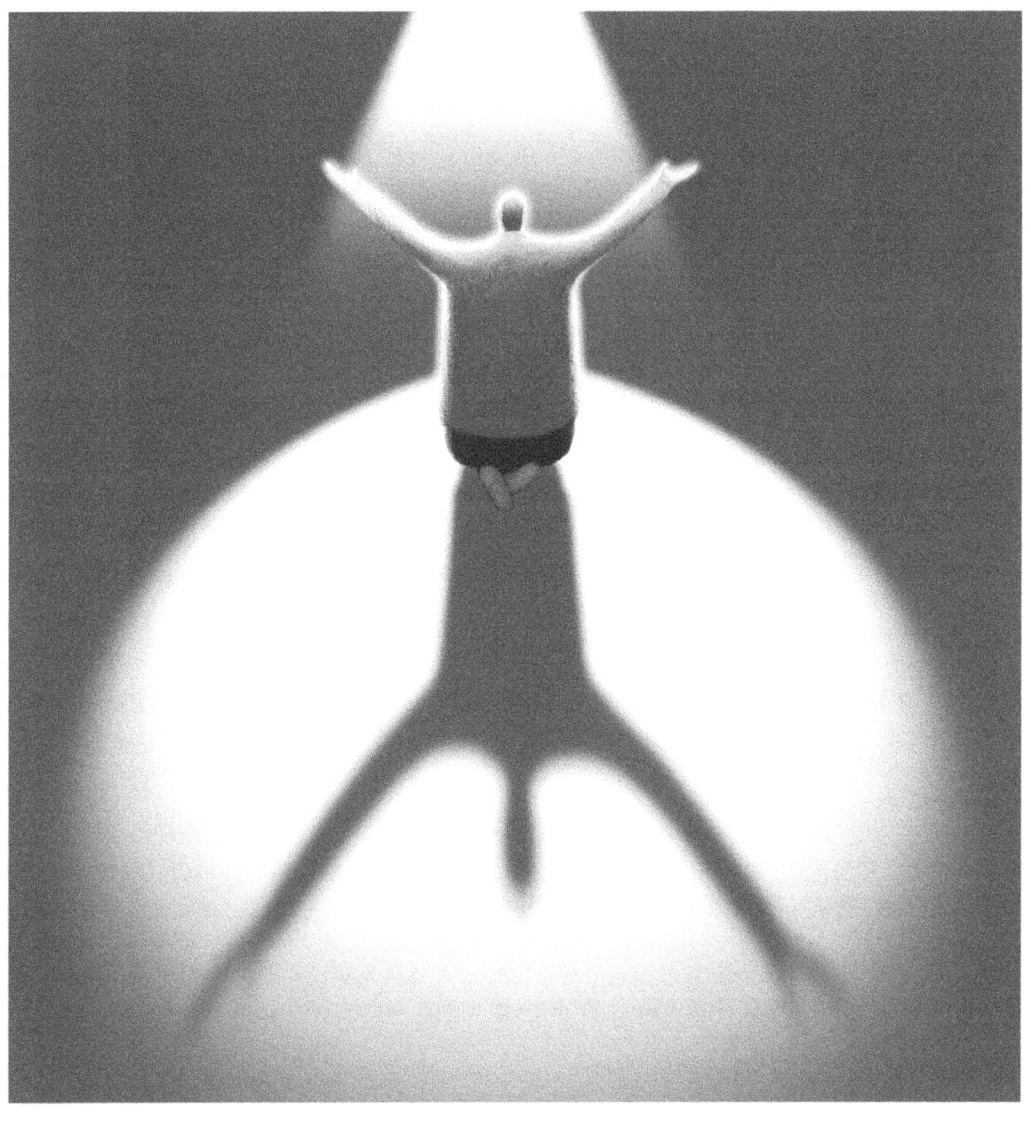

기도하는 사람, 소그룹리더

소그룹 리더로 세워진 여러분은 언제, 어디서든지 기도할 수 있는 준비가 되어 있어야 합니다.
어떤 기도의 종류가 있습니까?

기도의 내용에 따라
첫째는 회개의 기도입니다. 자신의 잘못을 진심으로 뉘우치고 예수님께 죄 용서를 비는 기도입니다.
(요한계시록 2:5; 3:19)

둘째는 감사의 기도입니다. 하나님의 사랑과 은혜, 보살핌에 감격한 마음으로 기도하는 것입니다.
(골로새서 3:17; 시편 95:2)

셋째는 간구의 기도입니다. 우리의 소원을 하나님께서 들어 주시도록 간청하는 것입니다.
(마태복음 7:7; 빌립보서 4:6-7)

기도의 내용을 살펴보았지만 막상 기도하려고 하면 어디서 어떻게 시작해야 할지 막막해 하는 신앙인들이 많습니다. 가장 모범이 되는 기도, 주님께서 직접 가르쳐주신 주기도문(마태복음 6:9-13)을 사용할 수 있습니다. 또 한가지 방법은 그동안 교회가 함께 기도해온 네가지 내용을 담아 기도하는 ACTS라는 방법입니다.

- A: Adoration 경배/찬양
  하나님에 대한 경배와 찬양으로, 만물을 창조하시고 우주를 주관하시며 우리 삶을 인도하시는 하나님께 영광과 존귀를 드리는 것입니다.

- C: Confession 고백/회개
  우리가 지은 죄를 진심으로, 그리고 구체적으로 고백하고 회개하는 부분입니다.
  회개의 기도는 나의 죄를 인정하며 하나님께 용서를 구하는 것인 동시에 그 죄된 모습을 버리겠다는 분명한 결단, 삶의 방향전환을 결심하는 것입니다.

- T: Thanksgiving 감사/은혜
  하나님께서 우리 삶에 베풀어 주신 은혜에 감사하는 부분입니다. 우리가 영적인 눈으로 우리 삶을 돌아본다면, 때론 고난과 아픔, 역경이 있더라도, 우리 삶은 하나님의 사랑과 은혜로 풍성함을 발견할 수 있습니다. 그러한 하나님께 드리는 구체적인 감사의 기도입니다.

- S: Supplication 간구/중보
  우리가 가지고 있는 소원을 하나님께 간구하는 부분입니다. 하나님의 뜻 가운데서 우리가 추구하고 원하는 것들을 하나님께 아뢰는 것입니다. 회개 및 감사의 고백과 나의 기도제목, 가족, 이웃, 친구, 공동체의 기도제목을 하나님께 간구합니다.

모든 기도가 이 네 가지 요소를 항상 포함하거나 언제나 이 흐름에 따라 기도해야 하는 것은 아닙니다. 하지만 균형잡힌 기도생활을 위해 이러한 중심내용을 배우고 따르는 것은 큰 도움이 됩니다.

웨슬리가 가르친 기도생활

요한 웨슬리는 기도생활에 대해 다섯 가지 지침을 주었습니다.

첫째, 우리는 기도생활을 통해 하나님의 은혜를 체험할 수 있습니다. 기도는 하나님과 대화하는 것이기에 우리가 그분의 은혜를 구한다면 올바른 기도생활은 반드시 필요합니다.
둘째, 하나님은 우리의 기도를 확실히 들어주시며 우리가 구하는 것보다 더 크고 좋은 것으로 응답하신다는 믿음의 확신이 있어야 합니다.
셋째, 비록 하나님께서 우리 기도에 대해 빨리 응답하시지 않더라도 낙심하거나 포기하지 않는 것이 중요합니다.
넷째, 하나님께 은밀히 기도하는 개인 기도시간이 반드시 필요합니다.
다섯째, 기도할 때 의미없이 중언부언하는 것을 경계해야 합니다.

하나님께서는 우리가 기도하기 전에
이미 우리의 마음과 기도제목을 알고 계십니다.
그럼에도 불구하고 우리가 구체적으로
그리고 간절하게 기도해야 하는 이유는,
하나님께 내가 무엇이 필요한지 일깨워 드리고자 함이 아니라
나 자신의 삶에서 무엇이 필요한지 스스로 깨닫고
나를 향한 하나님의 뜻을 구하기 위함입니다.

그러므로 기도는 내 생각과 삶을 정화하고,
우리의 영적생활을 지탱해 주는
생명줄이며, 하나님과 교통하는 은혜의 수단입니다.

기도는 구체적으로 간구하며 하나님께서 주시는
은혜를 경험하는 것이 필요합니다.
기도에 대한 성경의 다양한 가르침을 통해 또 기도하는 자세에 대해
배우면서 마치 연습하듯 기도훈련을 해 나가는 것은
영성훈련의 중요한 부분입니다.
운동선수에게 연습과 훈련이 필요하듯, 영성생활에서 가장 중요한
기도에도 연습과 훈련이 필요합니다.

 **다듬으심**

기도를 통하여 하나님의 다듬어주신 사람들의 기록을 통해 당신도 하나님의 다듬으심과 그 은혜를 경험할 수 있습니다.

1. 하나님의 다듬어주시는 은혜를 경험한 사람들의 이야기를 성경에서 찾아 그 내용을 요약하고, 그들의 경험과 당신의 경험을 비교해 보십시오.

    - **창세기 32:22-30**
      야곱이 형 에서를 대면할 용기를 갖도록 다듬어주심
    - **에스더 4:15-16**
      에스더에게 죽으면 죽으리라는 결심으로 용기를 내도록 다듬어주심
    - **사도행전 4:23-31**
      사도들을 핍박 앞에서도 강하고 담대하게 다듬어 주신 하나님
    - **사도행전 10:1-8**
      이방인 고넬료에게 베드로를 청하도록 용기를 주시는 하나님
    - **사도행전 10:9-23**
      베드로에게 이방인에 대한 편견과 선입관을 버리도록 해 주신 하나님
    - **마태복음 26:36-46**
      예수님도 기도 중에 십자가를 질 수 있는 용기를 얻게 됨

2. 당신의 기도생활을 힘들게하는 혹은 방해하는 장애물은 무엇입니까?

    각자 경험을 함께 나눕니다. 시간, 공간, 습관, 훈련의 문제가 있습니다.
    출퇴근시간, 자녀양육, 이런 현실적인 문제로 기도가 쉽지 않습니다.
    기도를 방해하는 딴 생각, 마음을 어지럽히는 영적 방해도 있습니다.

3. 우리 영혼의 호흡을 가로막는 기도생활의 장애물을 제거하기 위해 어떤 노력이 필요합니까? 성공과 실패의 경험담이 모두 필요합니다. 당신의 경험을 나누어 주십시오.

    기도생활을 위해 시간을 정하고, 기도공간을 구별해야 합니다.
    사람에게는 자신만의 시간이 필요합니다.
    함께 기도할 수 있는 기도파트너가 있으면 좋겠습니다.
    새벽기도가 중요합니다.
    인도자가 경험했던 것을 미리 준비했다가 필요하면 먼저 이야기하지만 다른 참석자들이 경험을 나눌 수 있도록 이끕니다.

4. 하나님께서 당신의 기도에 응답해주지 않아 낙심했던 경험이 있습니까?
   하나님께서 그런 시간을 다듬으심의 시간으로 사용하십니다. 당신은 어떻게
   영적침체기를 극복하였습니까?

   기도가 어려운 것은 때론 우리가 원하는 방향으로 기도가 응답되지 않는다는 것입니다.
   하지만 저로 꾸준하게 기도하게 하셨습니다. 한달, 두달이 아니라, 일년, 이년, 십년이라도
   기도하겠습니다. 기도의 동역자, 함께 기도하는 사람을 만나게 하셨습니다.
   격려해주는 사람이 필요했습니다. 격려의 사람을 만나지 못했지만 저로 기도를 통해 격려하는
   사람이 되게 부르셨습니다. 힘들었지만 말씀 속에서 위로를 찾고 새로운 힘을 얻었습니다.

5. 당신은 소그룹 리더로서 어떻게 소그룹 멤버들이 기도생활을 잘 할 수 있도록
   도울 수 있겠습니까?

   교회 기도 모임에 솔선수범하여 참석하겠습니다.
   기도의 능력을 경험하고, 승리의 체험을 나누겠습니다.
   함께 기도해서 응답받은 경험을 증거하겠습니다.
   생활중에 기도하는 사람의 능력, 용기가 보여져야 하겠습니다.
   기도생활을 통해 변화된 삶을 간증과 생활로 보여주어야 하겠습니다.

소그룹 리더가 넘어서야 할 기도의 장애물

시간의 장애물

기도생활에서 먼저 경험하는 장애물은 기도할 시간이 없다는 것입니다. 잠시잠깐 동안에도, 다른 일을 하면서도, 얼마든지 의미있게 기도할 수 있습니다. 길을 걷다가, 운전중 신호를 기다리며, 집안청소나 부엌 일을 하면서도 기도할 수 있습니다. 그러나 시간을 정해놓고 기도에 집중하는 것이 꼭 필요합니다. 이런면에서 새벽기도는 유익한 기도훈련입니다. 계획을 세우고, 시간을 내어 기도하는 것이 영성훈련의 첫 발걸음입니다.

결과를 결정하려는 조급함의 장애물

기도할 때 빠지는 유혹과 위험중 하나는 기도의 결과를 스스로 결정하는 것입니다. 예수님도 이런 유혹과 위험을 알고 극복하셨습니다. 소원하는 것이나, 삶의 위기에 처하여 기도할 때, 우리가 원하는 대로 기도 응답을 바라는 것은 당연합니다. 그러나 영성생활에서 가장 중요한 것은 우리 자신을 하나님께 내어 드리며 그분의 뜻에 순종하는 것입니다. 그러나 하나님 주권의 영역을 침범하여 우리가 먼저 결정해 버리고 그것을 하나님께 요구한다면, 우리의 기도생활은 심각한 위험에 빠지게 될 것입니다.

불신의 장애물

기도의 능력을 믿지 않고, 아무 소용없는 자기독백이라고 생각하는 것입니다. 또 하나님께서 모두 계획하고 인도하고 계시니 기도는 필요없다고 생각하는 것입니다. 빌리 그래함 목사는 하나님의 기도응답에는 세 가지 종류가 있다고 말했습니다.
첫째 Yes, 즉 우리의 간구를 받아들여 주시는 것,
둘째 No, 즉 하나님께서 우리 기도제목과 다른 뜻을 가지고 계시기에 우리의 간구를 받아들여 주시지 않는 것,
셋째 Wait, 즉 우리가 생각하고 있는 때와 하나님의 때가 다르기 때문에 우리에게 기다림과 인내가 필요한 때 입니다.
Yes만이 하나님의 기도응답이 아닙니다. 순종하는 마음으로 그분의 음성에 귀기울여야 불신의 장애물을 넘어설 수 있습니다.

죄와 상처에 묶이거나 보지 않으려는 장애물

기도는 하나님 앞에 서 있는 자신의 모습을 발견하는 과정입니다. 거기서 우리는 죄와 상처라는 장애물도 만납니다. 기도중에 과거에 지은 죄 또는 현재의 죄를 발견하고 자각하게 될 때가 있습니다. 이때 진정한 회개가 시작됩니다. 이와달리 과거 또는 현재에 타인으로부터 받은 상처, 혹은 내가 타인에게 주었던 상처가 기도 중에 다시 떠오르는 경우도 있습니다. 그동안 잊고 살았거나 치유되었다고 생각했던 상처들이 다시 괴롭힌다면, 그것은 주님이 주시는 용서의 기회입니다. 그런데 이러한 죄와 상처를 보지 않으려는 마음, 회개와 용서를 거부하는 마음이 우리에게 기도를 방해하는 장애물입니다.

타성의 장애물

진실된 대화를 하나님과 추구하지 않는다면 우리는 타성이라는 장애물을 만나게 됩니다. 성경은 중언부언하는 기도와 남에게 보여주기 위한 기도, 특별히 하나님을 속이려는 기도에 대해 엄중히 경고합니다. 기도의 대상은 오직 하나님 한분 뿐이어야 합니다. 기도에 진정성이 결여되면, 타성에 젖게 되고, 타성에 젖은 기도에는 아무 생명력이 없습니다. 따라서 영성생활 가운데 타성에 빠지지 않도록 우리는 항상 깨어 있어야 합니다.

> 건강한 영성생활을 위해 당신은 계획적이고 분명한 목표가 있는 기도생활을 시작해야 합니다. 현재 당신의 기도생활을 가로막고 있는 장애물에 어떤 것들이 있는지 돌아보십시오.
> 혹 그 장애물이 당신의 영적호흡을 가로막고 있지 않습니까?
> 그 장애물을 극복하려는 노력이 필요합니다.
> 영성생활은 곧 기도생활이며, 기도생활은
> 매일 매일 당신이 경험하는 영적전투의 단면을 보여줍니다.
> 기도없이 하나님과 영적인 관계를 맺을 수 없습니다.
> 아니 기도없이 하나님과 동행하는 삶을 살 수 없습니다.
> 호흡없이 살수 없는 것처럼 기도없이 사는 것은 불가능합니다.

 **들어쓰심**

하나님은 기도하는 사람들에게 응답하시고 그들을 통해 하나님의 역사를 이루어 가십니다. 하나님에게 쓰임받은 사람들의 경험을 통하여 기도의 중요성을 다시한번 살펴봅니다.

1. 하나님은 기도하는 사람들을 하나님의 일꾼으로 들어 쓰십니다.
   다음의 성경구절을 찾아보고 하나님에게 쓰임받은 사람들의 모습을 살펴봅시다.

   - 출애굽기 17:8-16
     모세의 기도로 아멜렉과의 전쟁에서 이겼습니다.

   - 출애굽기 32:7-14
     우상을 세웠던 이스라엘 백성들을 위해 모세가 기도하여 하나님께서 뜻을 돌이키사 그들이 진노를 면했습니다.

   - 열왕기상 18:41-46
     엘리야의 기도로 가뭄이 끝나고 비가 왔습니다.

   - 욥기 42:7-9
     욥의 기도로 그의 친구들이 하나님의 진노를 면했습니다.

   - 마태복음 9:2-8
     중풍 걸린 사람이 그를 예수님께 메고 와서 병고침을 간구한 친구들로 인하여 병이 낫고, 구원을 받았습니다.

   - 로마서 8:26,34
     성령님과 예수님의 기도로 모든 사람이 죄악 중에도 하나님의 복과 은혜를 누릴 수 있게됩니다.

2. 하나님께 기도의 일꾼으로 쓰임 받은 사람들에게 어떤 축복이 임했습니까?
   그들은 자신의 필요를 간구하지 않았음에도 불구하고 하나님께서 그들의 필요를 채우시고 축복해 주셨습니다.

3. 하나님은 기도하는 사람들을 통하여 어려움에 처한 이들에게 역사를 이루십니다.
   이것이 중보기도입니다. 교회를 위하여, 그리고 주변에 있는 이웃들을 위하여 당신이 시작해야 할 중보기도의 제목은 무엇입니까?
   주일예배, 목회자, 교회의 기관, 전도대상자, 몸이 아픈 사람, 낙심하고 교회에 출석하지 않는 사람, 직장을 잃은 사람, 자녀의 믿음, 이웃의 건강, 친구의 문제, 나라, 민족, 정부지도자, 등등...

여러가지 형태의 기도

간청기도

우리가 가진 소원을 하나님께 아뢰며 간청하는 기도입니다. 가장 기본적인 기도의 방법이며 한국교회 전통에서 무척 강조되었던 기도입니다. 그러나 우리가 무엇을 간청하는지에 대해 신앙적 성찰이 필요합니다. 우리의 소원보다 하나님의 뜻을 분별하며 구하는 믿음의 자세가 필요합니다. 왜냐하면 간청기도가 자신의 소원을 간구하는 데 그친다면 이것은 자칫 개인의 욕심을 위한 기도, 육신의 정욕을 위해 간구하는 기도가 될 수 있기 때문입니다.

관상기도

최근 많은 이들이 관심을 가지는 관상기도는 자신에 대한 모든 것을 내려놓고, 마음을 온전히 내어드리는 데서 시작됩니다. 마치 수도사가 명상하듯 스스로의 마음을 비운 후, 그 가운데서 우리에게 찾아오시는 하나님을 만나 온전한 그분의 뜻을 구하는 기도입니다. 처음에는 많은 잡념으로부터 자유로울 수 없고 또 우리가 하나님께 말하는 것에 익숙해 있기에 관상기도가 어렵게 느껴지고 단순한 침묵의 시간이 되기도 합니다.
그러나 금식기도가 육적인 음식을 거부하며 하나님과의 집중적인 만남을 추구하듯 관상기도는 번잡한 삶의 주제들을 내려놓고 내 자아를 거절하며 하나님과의 온전한 만남을 추구하는 기도입니다.

금식기도

중요한 기도제목이나 위기에 직면해서 금식기도를 하던 이들을 성경을 통해서 자주 발견합니다. 예수께서도 사역을 시작하기 전 광야에서 40일동안 금식기도를 하셨습니다. 생명을 위해 필요한 음식을 끊는 것은 영적으로 자신을 하나님 앞에 온전히 굴복시킨다는 의미를 가집니다. 모든 것을 내려놓고 순종을 다짐하며, 하나님의 뜻을 구하는 기도, 영적으로 깨어있기위해 육신의 모든 행위를 중단하여, 하나님과 영적으로 교감하기 위한 기도입니다. 웨슬리와 많은 교회지도자들이 일주일에 한끼, 하루를 금식하며 기도했습니다. 영성훈련의 좋은 방법이지만 금식여부와 기간을 결정할 때 개인의 건강을 고려하여 잘 준비된 금식기도를 해야합니다. 자신의 자랑이 되기 쉬운 금식은 하나님의 영광을 가리며, 건강을 해치며, 개인의 영성생활에 도움이 되지 못합니다.

기도문기도

마음 속으로 부터 자연스럽게 기도하는 것과 달리, 기도문기도는 이미 작성되어 있는 기도문을 읽어 나가며 우리의 마음을 드리는 기도입니다. 신약에만 주기도문을 비롯해 400개이상의 기도문이 있고, 구약의 시편과 찬송가는 대표적인 기도문기도입니다. 성공회 출신의 요한 웨슬리는 기도문기도를 자주 사용하였고, 스스로 기도문을 작성하여 다른 이들에게 권했습니다.
기도생활을 처음 시작하는 이들에게 기도문기도는 좋은 훈련의 과정입니다. 유의할 점은, 기도문을 그저 눈으로만 읽어 내려가는 것이 아니라, 마음속으로 공감하며, 진심으로, 간구해야 한다는 점입니다. 특히 주일대예배와 공중예배 대표기도에 기도문을 준비하여 읽는 것은 잘못된 것이 아닙니다.

방언기도

방언기도는 성령께서 주시는 신비한 은사/선물로서 초대교회 성령강림의 역사로 부터 지금까지 내려오고 있습니다. 방언은 하나님의 영이 사람에게 주신 영적 언어입니다. 하나님과 영적으로 교통하면서 마음의 소원을 아뢰고 하나님의 뜻을 구한다는 점에서 방언기도는 다른 기도와 다를 것이 없습니다. 방언기도는 믿음에 확신을 주고, 열심으로 기도하게 합니다. 방언으로 기도할 때 자신이 무엇을 기도하는지 이해하면서 기도하는 경우도 있고, 잘 모르는 경우도 있습니다. 스스로 깨닫지 못하는 방언기도는 통역할 사람이 있을때 해야합니다. 은사는 필요한 사람에게 주시는 선물이기에 모든 사람이 방언으로 기도해야하는 것은 아닙니다. 따라서 방언은사를 경험한 이들이 영적 우월의식을 가진다면 그것은 잘못된 일입니다.

안수기도

안수기도는 말 그대로 손을 얹어 (주로 머리에) 기도하는 것으로 예수께서 병자를 위해 기도하신 모습을 따라 초대교회부터 지금까지 지속되어진 기도의 방법입니다. 안수기도는 특별한 기도제목이 있을 때 성도가 요청하거나 교회 지도자의 인도로 이루어집니다. 개인적으로 받을 수도 있고 공중예배를 통해 이루어질 수도 있습니다. 안수기도는 기도하는 이와 기도받는 이의 각별한 영적 준비가 필요합니다. 안수기도에서 변형된 안찰기도는 병 낫기를 구하며 환자의 몸을 두드리며 하는 기도인데 안수기도의 왜곡된 모습으로 성서적이지 않으며, 교회전통에서 찾아보기도 힘듭니다.

중보기도

하나님의 자녀로서 신앙 안에서 형제/자매 된 우리 이웃을 위해 기도하는 것입니다. 다른 사람을 위해 중보기도할 때, 우리 자신도 하나님의 은혜와 사랑, 그리고 돌보심이 필요한 존재라는 것을 깨닫고, 이웃의 삶을 영적으로 돕게 됩니다. 하나님은 우리의 삶을 주관하시며, 이 과정에서 성도의 믿음을 사용하십니다. 바로 중보기도는 하나님의 일에 참여하는 특권과 능력의 통로가 되며, 개인적으로 혹은 공동체로 함께 할 수 있습니다. 또 교회안에 중보기도팀을 만들어 공동의 기도제목을 나누며, 지속적으로 함께 기도하는 것도 중요합니다.

통성기도

함께 마음을 합하여 크게 소리내어 기도하는 방법으로 한국교회의 기도로 세계에 알려졌습니다. 신앙공동체가 공동의 또는 각자의 기도제목을 가지고 동시에 통성으로 기도합니다. 여리고성이 무너지도록 힘차게 외친 기도, 사무엘의 어머니 한나의 한맺힌 기도, 속사람의 능력이 드러나는 기도, 사탄을 향하여 힘차게 대적선언하는 기도가 통성기도입니다. 일제시대와 한국전쟁을 거치며, 하나님 앞에 울부짖을 수 밖에 없었던 한국교회의 역사적 경험에서 나온 것이기도 합니다.
큰 소리로 기도하는 것이 목적이 아니라 간절한 마음으로, 한 마음으로 기도하는 것이 통성기도의 목적입니다. 주의할 점은 다른 사람의 기도소리가 들리더라도 자신의 기도에 집중해야 한다는 것입니다. 통성기도시 피아노반주는 기도에 집중할 수 있도록 돕는 방법입니다.

4. 소개된 기도의 방법 중 당신은 어떤 형태의 기도를 가장 많이 하고 있습니까?
   불편함을 느끼는 기도형태는 무엇입니까?

   방언기도를 하고 싶은데 허락되지 않았습니다. 통성으로 기도하는 것을 이해하지 못하겠습니다.
   금식기도가 어렵습니다. 사람이 모두 다른 것처럼 좋아하는 기도형태도 서로 다르고, 은혜받는 기도
   방법도 다릅니다. 어떠한 경우라도 사람이 선호하는 기도형태를 가지고 그 사람의 신앙을
   평가해서는 안 됩니다.

5. 당신이 가장 편안하게 생각하는 기도, 실천하는 기도의 방식은 무엇입니까?
   당신이 하나님이라면 어떤 기도를 가장 기쁘게 받으시리라 생각하십니까?

   모든 기도는 영혼의 호흡이며, 하나님과 대화이며, 하나님께 올려드리는 향입니다. 기도에 옳고 그른
   구분이 없습니다. 다만 선한 싸움의 무기를 사용하는 영적전투에서 승리하기 위해 진심으로,
   전심으로 기도하는 자세가 모두에게 필요합니다.

기도하는데 어떤 기도방법이 가장 좋은 지 묻는 것은 무의미합니다.
개인의 상황과 형편에 따라 각기 다른 방법으로 기도할 수 있기 때문입니다.
사람마다 성격이 다르듯 사람마다 은혜받는 기도의 방법도 다릅니다.
어떤 이들은 힘있는 통성기도를 할 때 은혜받는가 하면,
어떤 이들은 그 시간을 견디기 힘들어 합니다.
기도의 형태는 중요하지 않습니다.
기도에 임하는 우리의 마음가짐과 태도가 중요합니다.
기도는 하나님과 영적 관계를 맺는 대화이기에 실제
삶 속에서 구체적으로 실천하는 것이 가장 중요합니다.

삶의 현장에서

1. 기도생활이 몸에 배어 영성생활의 한 부분이 되려면 처음에는 기도훈련이 필요합니다. 바른 훈련은 기도시간을 정해놓고 공동의 기도제목을 중심으로 구체적으로 기도하는 것입니다. 이러한 훈련은 개인이나 소그룹, 혹은 교회 공동체가 함께 계획적으로 실시할 수 있습니다.

2. 당신의 기도생활을 돌아보고 더 깊은 영성생활을 위해 노력해야 할 부분이 있는지 점검해 보는 것입니다. 당신은 얼마나 자주, 언제, 어디서, 얼마동안, 어떻게 기도하십니까? 기도를 위한 구체적인 계획을 세우십시오.

3. 기도를 통해 은혜받은 경험과 기도응답을 받은 경험들을 함께 나누어 봅니다.

Lesson 8
영성과 기도 2
Spirituality & Prayer 2

소그룹 리더로서 죄와 구원에 대해서
분명하게 알고 있는 것이 중요합니다.
당신은 구원에 대한 확신이 부족하거나
또는 죄와 구원에 대한 질문이 있는
소그룹멤버를 도울 수 있어야 하며,
죄와 구원에 대한 바른 이해와
영성생활을 설명할 수 있어야 합니다.

성경본문: 누가복음 15:11-32

먼저오심

누가복음 15장은 예수께서 말씀하신 세 비유를 보여줍니다. 잃었다가 찾은 양의 비유, 잃었다가 찾은 동전의 비유, 그리고 잃었다가 찾은 아들의 비유입니다. 모두 구원에 대한 가르침을 주고 있는데, 특별히 잃었다가 찾은 아들에 관한 비유 (탕자의 비유)는 우리에게도 친숙합니다. 아들을 사랑하는 아버지의 뜻을 거스르고 자기 뜻만을 추구하며 아버지로부터 멀리 떠나 살고자 하는 아들의 모습은, 우리에게 죄란 무엇인지를 잘 보여줍니다.

1. 둘째 아들이 아버지에게 가장 관심가졌던 것은 무엇이었고, 아버지가 아들에게 가졌던 가장 큰 관심은 무엇이었습니까?

   둘째 아들은 아버지의 재산에 관심이 있었고, 아버지는 아들 자체에 관심이 있었습니다. 비유속의 아버지와 아들의 관계는 하나님과 우리와의 관계에 대해 다시 생각하게 합니다.

2. 둘째 아들이 아버지를 떠나겠다며 재산을 요구했을 때, 아버지는 말없이 재산을 나누어 주십니다. 이때 아버지의 마음은 어떠했을까요?

   비슷한 경험이 많지는 않을 것입니다.
   다만 배신감, 슬픔, 서운함, 표현하지 않은 분노, 염려, 걱정, 등등이겠지요.
   같은 맥락에서 우리를 향한 하나님의 마음은 어떠했을지 생각해 볼 수 있습니다.

3. 둘째 아들과 아버지의 모습에 비추어, 당신과 부모님, 그리고 당신과 자녀들 사이의 관계에 대해 생각해 봅시다. 어떠한 공통점과 다른 점이 있습니까?

   아이들이 부모의 마음을 너무 몰라줄 때, 부모의 경제력만을 필요로 하는 것처럼 느껴질 때,
   자녀에게 서운하고 분하고 배신감이 느껴질 때, 자녀가 대학으로 떠날 때 등등을 생각해 봅니다.

4. 둘째 아들의 삶은 바람직하지 않은 것처럼 보입니다. 어떤 점을 지적할 수 있을까요? 둘째 아들의 모습을 통해, 성서는 죄가 무엇이라고 가르치고 있습니까?

   많은 죄를 지적할 수 있겠지만, 가장 중요한 것은 아버지를 떠났다는 점입니다.
   관계의 단절, 외면, 인생의 방향이 다른 것을 말할 수 있습니다.

5. 당신이 하나님을 떠나 죄인되었다는 것을 언제 알게 되었습니까?

   우리가 죄인인 것을 인정해야 예수 그리스도의 필요성을 인정하게 됩니다.
   언제 어떻게 알게되었습니까?
   처음 교회 나올때, 예수님을 인격적으로 처음 만났을 때…

6. 하나님께서 당신을 먼저 찾아오셨다는 것을 어떻게 알게 되었습니까?

   하나님의 사랑, 은혜를 깨닫는 순간,
   나보다 먼저 이 세상에 오셨던 예수,
   죄인인 나를 사랑하신 예수.

7. 당신은 구원의 확신이 있습니까? 어떻게 구원의 확신을 가질 수 있었습니까?

   나는 죄인입니다. 내 죄를 위해 예수께서 오셨습니다.
   예수께서 십자가에 죽으심으로 하나님의 공의와 사랑이 동시에 실현되었습니다.
   그 은혜를 깨닫는 순간, 거듭남과 영혼 구원에 대한 확신이 생겨났습니다.

8. 만약 소그룹 멤버 중 한 분에게 구원에 대한 성경적인 가르침을 설명해 주어야 한다면 어떻게 설명하시겠습니까?

　　우리는 죄인입니다. 우리의 죄를 위해 예수께서 오셨습니다.
　　예수께서 십자가에 죽으심으로 하나님의 공의와 사랑이 동시에 이루어졌고, 그 은혜를 깨닫는 순간, 거듭남과 영혼 구원에 대한 확신이 생겨났습니다.

9. 우리가 하나님을 찾기 전에 하나님께서 먼저 우리를 찾아 와 주셨다는 것은 구원과 어떤 관계가 있다고 생각하십니까?

　　죄인을 사랑하신 하나님, 관계를 단절한 사람들을 불쌍히 여기신 하나님, 먼저 오셨으나 우리의 인격적 결심, 만남, 순종을 원하시는 하나님, 기다려 주셨지만 무제한적인 시간여유가 있는 것은 아닙니다.

> 죄는 사회적인 범법행위와 비윤리적인 행위를 의미하기도 하지만 성서적으로는 그보다 더 깊은 영적인 의미를 가집니다.
> 성경이 가르치는 죄는 하나님과의 깨어진 관계,
> 즉 하나님을 떠나 사는 삶이 그것입니다.
> 아버지를 떠나서 아버지와 깨어진 관계 가운데 살아가는
> 둘째 아들의 삶을 통해 죄를 이해합니다.
> 그러므로 어떤 사람이 법적 혹은 윤리적으로
> 아무런 비난 받을만한 일을 하지 않았다 할찌라도,
> 그 사람이 하나님과 영적인 관계를 가지고 있지 않다면,
> 성경은 그를 가리켜 죄인이라 일컬을 것입니다.
> 하나님과의 영적인 관계속에서
> 그분의 뜻에 따라 살고자 노력하는 모습,
> 바로 이것이 신앙인의 모습입니다.

> 법적인 죄는 마음으로 짓는 것이 아니라 실제로 그 행위를 저지른 것에 대한 문제입니다.
> 그러나 성경이 가르치는 죄는 행위 이전에 관계를 더 중요하게 여깁니다.
> 하나님과의 깨어진 관계, 즉 하나님을 떠나 등돌리고 사는 삶이 죄입니다.
> 관계의 단절, 무관심은 사랑이 없는 것이고, 그것이 바로 죄라는 사실이 믿어지십니까?

 ## 만나주심

둘째 아들은 자신이 가진 재산을 모두 허비한 후 고통 속에서 자신의 모습을 보게
됩니다. 그리고 아버지 집에서 편하게 살고 있는 사람들과 아버지를 떠나
고통 속에 있는 자신의 모습을 비교하면서 드디어 자신의 죄를 깨닫게 됩니다.
하나님은 고난 속에서 당신의 사랑하는 자들을 만나주십니다.

1. 아버지를 떠난 둘째 아들은 시련속에서 자기 자신을 발견하게 됩니다.
   그가 깨달은 고난의 근본 원인은 무엇입니까?

   아버지를 떠났기 때문입니다. 관계의 단절이 가장 큰 문제입니다.
   아버지의 집, 경계선, 문화 등 모든 것이 아들에게는 행복의 반대라고 생각했습니다.

2. 둘째 아들이 고난의 원인을 깨닫지 못하게 했던 것은 무엇이었습니까?

   친했던 사람과 사이가 나빠지거나 심지어 원수처럼 되는 경우가 종종 있습니다. 깨어진 관계는
   고통과 상처를 동반합니다. 인간관계가 깨어지는 이유도 자기중심적 사고, 교만, 이기심, 돈관계,
   남에 대한 배려의 부족 등을 들 수 있습니다.
   각자의 경험과 생각이 다르므로 다양한 가능성을 나열하는 것으로 족합니다.

3. 둘째 아들은 실패와 아픔속에서 자신의 모습을 발견하고, 아버지께 돌아가야겠다고
   결심합니다. 왜 사람들은 어려움 속에서 후회하고, 회개하며 하나님을 찾게 될까요?

   둘째 아들이 경험한 여러가지 교훈, 실패, 잘못된 계획, 미성숙, 실수, 그러나 죄에 대한 자각,
   삶이 변해야 한다는 결심, 그리고 돌아오는 구체적인 행동 이 모든 것을 포함하는 것이 회개입니다.
   바로 그 회개가 있을 때, 삶은 변할 수 있습니다.

4. 둘째 아들은 자신의 근본적인 문제를 어떻게 해결했습니까? 그에게 이러한 회개는
   결코 쉽지 않았을 것입니다. 회개를 가로막는 것에는 어떤 것들이 있을까요?

   죄에 대한 해결은 자기 자신의 자리에서 삶의 방향각을 바꾸는 회개입니다.
   회개하지 못하도록 막는 것은 자포자기, 자존심, 죄에 대한 무감각, 될대로 대라 - 내멋대로 살겠다,
   하나님을 의심함, 영적 교만 등을 들 수 있습니다.

죄는 하나님께서 우리와 먼저 맺으신
관계를 파괴하고 깨뜨립니다.
그리고 깨어진 관계는
언제나 우리 삶에 고통과 상처, 아픔을 가져다 줍니다.
우리는 하나님과, 이웃과, 자연과, 그리고
자신과 관계를 맺으며 살아갑니다.
이 모든 관계 중에서도 가장 중요한 관계는
당신 자신과 하나님사이의 관계입니다.

하나님과의 깨어진 관계를 회복하기 위해서는
회개와 결단이 필요합니다.
오직 회개와 결단을 통해서만
우리는 하나님을 다시 만날 수 있습니다.
둘째아들은 바로 이 회개와 결단을 통해
아버지와 깨어진 관계를 회복하고
새출발을 하게 됩니다.

다듬으심

비록 우리가 죄인이지만, 하나님은 우리를 용서하고 받아주셔서 변함없이 사랑해 주십니다. 아버지가 아들을 품듯이 우리를 용납하시고 감싸주시는 하나님의 사랑, 이것이 우리를 향한 하나님의 은혜입니다. 이러한 은혜를 통해 하나님과의 아름다운 영적 관계를 회복하는 것, 이것이 바로 구원입니다.

1. 둘째 아들이 거지가 되어 돌아왔지만 아버지는 그를 기쁨으로 극진하게 맞아주셨습니다. 아버지의 관심은 어디에 있었습니까? 아버지의 마음은 어떤 마음입니까? (24절)

   아버지는 잃어버린 재산을 생각하지 않았습니다. 아들의 잘못을 탓하지도 않았습니다. 집안망신시킨 것도 문제삼지 않았습니다. 아버지의 관심은 오직 아들 그 자체였습니다. 아들이 돌아왔다는 것만이 중요했습니다. 아들이라는 자리로 다시 회복되는 것은 과거의 실수, 현재의 모습에 따라 결정되는 것이 아닙니다. 그가 거지라는 것도, 아버지를 배신하고 떠났었다는 것조차 아버지에게는 중요하지 않았습니다. "이 내 아들은 죽었다가 다시 살아났으며" (24절)라는 구절에 아버지의 마음이 담겨있습니다.

2. 아버지는 돌아온 아들의 무엇을, 어떻게 회복시켜 주었습니까? 그 결과 아들의 삶은 어떻게 달라지게 되었습니까? (22-23절)

   제일 좋은 옷, 손가락지, 신, 살진 송아지를 잡는 잔치 - 아들의 신분을 다시 회복시켜주셨습니다. 그는 돼지먹는 쥐엄열매로 먹던 사람 (16절) 이었습니다. 그는 품군의 자리를 기대하고 돌아온 사람이었습니다. (19절) 하지만 아버지는 아들의 자리에 다시 세워주셨습니다.

3. 둘째 아들을 맞아들인 아버지와 달리 큰 아들은 동생을 받아들이지 않았습니다. 왜 그랬을까요? (28,30절)

   동생이 없었으면 아버지의 전 재산이 다 자기 것이 되는데 그러지 못하니까. 자기는 고생하면서 집을 지켰는데, 동생은 흥청망청 살다가 돌아온 것이 못마땅해서. 뻔뻔스러운 동생이 미워서 등등을 생각해 봅니다.

4. 아버지는 둘째 아들을 용서해 주셨고 사랑으로 받아주셨습니다. 아버지의 용서와 사랑으로 새로운 삶을 시작할 수 있었습니다. 둘째 아들이 이렇게 사랑받고 융숭한 대접 받는 것이 정당합니까?

   죄 용서에 정당한 가격은 없습니다.
   죄의 삯은 사망입니다. 오로지 십자가의 피값으로만 다시 살 수 있습니다.

5. 당신의 삶 가운데 비록 아무 자격이 없지만 하나님으로부터 과분한 사랑을 받았다고 생각되는 부분이 있습니까?

건강, 사업, 자녀, 아내, 이런 저런 감사의 조건들을 생각해 봅니다. 또한 많은 죄를 짓고 하나님의 마음을 서운하게 했음에도 불구하고 하나님께서는 은혜를 베풀어 주셨다는 것을 돌아보며 감사하게 합니다.

6. 우리 교회나 소그룹에 돌아온 탕자처럼 교회 혹은 소그룹 식구들에게 많은 경제적 손실을 입혔던 사람이 돌아온다면 어떤 반응이 있겠습니까?

교회에서 계를 하다가 낙찰시키고 돌아온 사람이 있습니다.
돌아온 탕자는 회개하고 돌아왔지만 이 사람은 너무 뻔뻔합니다.
진심으로 회개했다면 경제적 손해를 배상해야 하는 것 아닙니까?
다른 사람들 고생할 때 자기만 잘 먹고 잘 살았습니다. 그런 사람을 어떻게 다시 맞을 수 있습니까?
큰 아들의 입장에서 동생과 화해하는 것이 다듬으심의 핵심질문입니다.

구원은 하나님께서 베풀어주시는 은혜입니다.
비록 탕자가 아버지를 떠났지만,
아버지는 여전히 탕자를 사랑하고 계셨고,
그가 돌아오기를 기다리고 계셨습니다.
그리고 탕자가 돌아왔을 때,
그 모습 그대로 받아 주셨습니다.
마찬가지로 우리를 향한 하나님의 사랑과 은혜는
언제나 열려있습니다.
바로 그 하나님의 사랑과 은혜에 의지해서
하나님의 뜻대로 살아가는 것이
신앙인의 모습입니다.

 ## 들어쓰심

아버지와 깨어진 관계를 회복한 아들, 즉 은혜로 구원받은 탕자에게 이제는 새로운 과제가 생겼습니다. 더 이상 집을 나가기 전의 생각과 태도를 가지고 살아갈 수는 없습니다. 왜냐하면 아버지의 은혜와 사랑을 마음 깊이 깨달았기 때문입니다.

1. 아버지께 돌아온 둘째 아들에게 주어진 과제, 그가 추구해야 할 삶의 모습은 무엇입니까?

   더 이상 거지가 아니라 아버지의 소중한 아들로서 살아가는 것.
   과거의 죄, 그것에 묶여있지 않도록 진정한 회개, 용서, 자유를 경험해야 아들로서 살 수 있습니다.
   자유해야 하나님의 일에 쓰임받을 수 있습니다.

2. 당신은 구원 받고 난 후에 어떻게 달라진 삶을 살고 있습니까? 변화된 삶을 통해 하나님께서 당신을 어떻게 쓰실 수 있겠습니까?

   구원의 감격은 분명합니다. 제게 새로운 생명이 있습니다.
   예배가 행복합니다. 하나님의 말씀이 마음과 입에 담겨 있습니다. 하지만 하나님께서 어떻게 쓰실지에 대해서는 구체적인 꿈이 없습니다.
   지난 실수를 교훈으로 삼겠습니다.

3. 소그룹 멤버들이 과연 구원 받았는지 알 수 있는 방법은 무엇입니까? 구원받은 사람들의 증거는 무엇입니까?

   열매를 보면 나무를 압니다. 하지만 외적인 모습 보다는 하나님을 향한 생각과 태도가 먼저 바뀌어져야 합니다.

4. 구원 받고 난 후에 삶이 확연하게 달라진 사람을 알고 있다면 나누어 보세요. 어떻게 하면 소그룹 멤버들이 구원의 확신을 가지고 변화된 삶을 살아갈 수 있을까요?

   사랑과 은혜, 오래 참음으로 우리를 구원해 주시고 지금도 사랑하고 계시는 하나님을 인격적으로 깊이 인식하고 의식하는 것.

5. 탕자와 같은 아들을 품어안은 믿음의 선배, 조상들이 있었습니다. 이들에 대한 이야기를 나누어 봅시다.
   헨리 나우엔, 테레사 수녀, 손양원 목사 등에 대해 알고 있습니까?
   어떤 사람들입니까? 어떤 긍정적인 영향력을 끼쳤습니까?

   함께 대화해 봅니다.
   헨리 나우엔 - 하버드신학대학원 교수였다가 평생 장애공동체를 섬기며 살았던 목회자,
   테레사 수녀 - 평생 인도의 가난한 이들을 위해 섬겼던 수녀,
   손양원 목사 - 일제시대 신사참배거부, 한국전쟁 당시 두 아들을 죽인 청년공산주의자를 양자로 삼은 목회자.

돌아온 탕자 II

누군가 만들어 낸 이야기겠지만 돌아온 탕자가
다시 집을 나갔다고 합니다. 이번에는 아버지로부터 재산을 받아
혼자 삶을 즐기려고 나간 것이 아니라,
오히려 죄된 자신을 용서해 주시고 다시 아들로 회복시켜 주신
아버지가 너무 고마워서 아버지께 갚을 만큼
많은 재산을 벌기 위해 먼 나라로 갔습니다.

몇 년 동안 열심히 일해 많은 돈을 번 그는 이제 아버지께
그동안 모은 돈을 드리기 위해 집으로 향했습니다.
그런데 아버지 집에 가까워 오자 그는 집에서 장례식이
진행되고 있음을 깨달았습니다. 자신이 돈벌러 먼 곳에
나갔을 때부터 이제나 저제나 아들이 돌아오기를 기다리던
아버지는 결국 아들을 보지 못하고 아들이 돌아오기 하루 전 날
세상을 뜨고 말았던 것입니다.

많은 돈을 벌어 아버지를 기쁘게 해 드리려던 아들은
그제야 비로소 아버지가 자신에게 진정으로 바라던 것이
무엇인지를 깨달았습니다. 그것은 °함께 사는 것˳이였습니다.

이 이야기는 하나님과의 관계가 어떤 것인지, 구원이 무엇인지
잘 보여줍니다. 하나님께서 원하시는 것은 믿음의 자녀인
우리와 아름다운 영적 관계를 가지고,
그분 뜻에 따라 살아가는 삶을 원하십니다.
그것이 바로 구원받은 이들의 바람직한 삶의 모습일 것입니다.
끊임없이 주님닮는 삶을 살며 더 나은 신앙인이 되고자
노력하는 것이 바로 우리 모두가 추구해야 하는 삶입니다.

죄와 구원을 "관계성"으로 이해할 때, 지금 내 삶의 모습을 돌아보며
구원받은 하나님의 자녀로서 어떻게 살아야 하는지 묻게 됩니다.
우리의 삶 자체가 하나의 과정이듯이 구원받은 이의 삶은 신앙의 여정입니다.
이 신앙의 여정은 예수님을 닮아가는 과정이며,
그것이 바로 우리가 추구해야 할 영성생활의 본질입니다.

삶의 현장에서

영적으로 깨어나 하나님과 동행하는 삶을 위해 당신이 시작할 수 있는 일은 무엇입니까?

1. 매일 성경읽기 (구약 3장, 신약 1장)
2. 성경통독 계획 (1년통독 – 신/구약, 40일통독 – 신약)
3. 시편 및 잠언 읽기와 묵상
4. 말씀묵상 노트 (Quiet Time Journal)
5. 말씀묵상 나눔, QT나눔방 참여
6. 신앙서적 읽기
7. 영성훈련 (Walk to Emmaus) 참가
8. 가정예배, 가족기도회
9. 새벽기도, 아침기도
10. 하루 일과시작 전 기도, 식사기도, 잠들기 전 기도
11. 교회내 중보기도팀 참여 – 정기적인 중보기도
12. 주일설교 묵상 또는 은혜나눔 모임
13. 소그룹 모임 (속회, 구역, 셀교회 등등) 참여, 소그룹리더 훈련모임
14. 성경공부, 제자훈련
15. 가장 중요한 것은 주일예배에 빠지지 않고 참석하는 것

영성생활은 혼자서 개인적으로도 할 수 있습니다.
그러나 신앙공동체가 함께 노력할 때 더 힘을 발휘할 수 있습니다.
당신의 소그룹이 이 영성생활의 출발점이 될 수 있습니다.

1. 삶의 현장에서 제시된 내용중 당신이 현재 실천하고 있지 못한 번호에 먼저 표시 하십시오.

2. 왜 실천하기 힘든지 그 이유를 적으십시오.

3. 이런 일이 가능하기 위해 당신에게 어떤 수고와 노력이 필요합니까?

4. 오늘 시작할 수 있는 일은 무엇입니까?

5. 일주일 이내 시작할 수 있는 일은 무엇입니까?

6. 한달 이내 할 수 있는 일은?

7. 석달 혹은 여섯달 이내 할 수 있는 일은?

8. 누가 당신과 함께 영성생활의 계획을 세우고 실천할 수 있습니까?

Lesson 9

교회와 전도 1
Congregation & Evangelism 1

소그룹 리더들은 성경에서 가르치는 교회를 이해하고, 하나님께서 허락하신 교회를 통해 신앙의 성숙을 추구합니다. 또한 교회의 일원으로 교회공동체의 부흥을 위한 구체적인 실천을 통해 소그룹사역의 활력과 교회의 건강한 성장을 추구합니다.

성경본문: 사도행전 2:37-47

먼저오심

교회는 사람들의 필요에 의해 세워진 공동체가 아닙니다. 교회는 하나님께서 성도들과 세상을 위하여 분명한 뜻과 계획을 가지고 세우신 기관입니다. 소그룹 리더들과 교회를 향한 하나님의 뜻이 무엇인지 알아보겠습니다.

1. "교회"하면 먼저 떠오르는 단어는 무엇입니까?
   건물, 예배, 기도, 찬양, 목사, 가운, 성가대, 십자가, 성찬, 설교, 성도 등 교회라는 말을 들었을 때 떠오른 생각을 나눕니다.

2. "교회"에 꼭 있어야 할 것은 무엇입니까?
   예배, 기도, 찬양, 목사, 십자가, 성찬, 설교, 성가대, 자신의 신앙전통에 따라 교회의 필수적인 요소도 다르게 생각할 수 있습니다.

3. 당신은 하나님께서 언제 교회와 함께 하신다는 것을 느낄수 있습니까?
   교회의 중심이 누구인지를 묻는 질문입니다. 사람 중심이 아닌 하나님 중심으로 교회를 생각하면서, 교회를 통해 나타나는 하나님의 모습을 나누어 봅니다.

4. 교회는 건물이 아니라 성도들의 모임입니다. 그렇다면 하나님께서 교회를 세우신 것은 언제입니까?

역사적인 정답은 오순절 성령강림 이후의 초대교회입니다. 하지만 교회를 세우신 하나님의 뜻을 살피면서 또 교회가 믿음의 성도들의 모임이라고 한다면 에덴 동산의 아담과 하와, 노아의 가족에서부터 시작해서 아브라함의 부르심, 이스라엘의 출애굽도 신앙공동체, 교회의 시작이라고 생각할 수 있습니다. 소그룹 리더들이 생각하는 교회에 대한 범위를 확장시켜 주십시오.

5. 교회는 하나님께서 세우십니다. 교회의 주권은 하나님께 있습니다. 하나님께서 당신이 속한 교회, 소그룹을 보호해 주신 경험을 나누어 봅시다.

교회가 어려움을 당할 때, 또 하나님의 사역이 확장될 때 경험하는 큰 도전이 있습니다.
일제시대에 교회를 핍박하고, 기독교를 말살하려는 국가정책이 오히려 교회를 부흥시켰습니다.
개인적인 경험, 섬기는 교회의 경험을 나눌 수 있습니다.
참석자들의 나눔이 너무 길지 않게, 2-3분 이내로 마칠수 있게 미리 말해 주십시오. 리더들도 자신이 속한 소그룹에서 시간에 대한 이야기를 할 수 있도록 듣고 훈련하는 것입니다.

6. 하나님께서 어떤 방법으로 교회를 세우셨습니까? (37-39절)

베드로의 설교를 듣고 마음에 찔려… 우리가 어찌할꼬 하거늘 (37절)
회개하여, 세례를 받고, 죄사함을 받아, 성령의 선물을 받은 사람들이 모였습니다. (38절)
하나님이 부르신 자에게 주시는 약속을 통하여 (39절)
성령충만의 역사와 사도, 제자들을 통해서.

"그들이 이 말을 듣고 마음에 찔려 베드로와 다른 사도들에게 물어 이르되 형제들아 우리가 어찌할꼬 하거늘"(사도행전 2:37)의 기록을 통해 교회는 마음의 찔림에서 시작되어 회개의 역사로, 세례와 죄사함을 가능하게 하시는 성령의 시대를 거쳐 세워졌습니다. (사도행전 2:38) 죽음을 이기시고 부활하신 예수 그리스도께서 성령 보내심을 약속하셨습니다. 그 약속대로 성령은 오순절 사건을 통하여 강림하셨고, 성령의 역사가 초대교회 성장의 원동력이 되었습니다.

교회는 하나님께 속한 공동체입니다. 하나님께서 교회의 주인이 되신다면 교회는 하나님의 뜻을 따라야 할 의무가 있습니다. 교회의 주인되신 하나님께서 교회에 원하시는 것은 믿음의 공동체로서 함께 하나님을 찬양하고 복음을 증거하는 공동체로 건강하게 성장하는 것입니다.

만나주심

하나님은 교회를 통하여 우리와 인격적으로 만나기를 원하십니다. 소그룹의 목적도 여러가지가 있지만 그 중에 가장 중요한 것은 소그룹 모임을 통해 하나님을 인격적으로 만나는 것입니다. 어떻게 하면 우리가 인도하는 소그룹 모임이 하나님을 인격적으로 만나는 자리가 될 수 있을지 생각해 보십시다.

1. 교회에 들어설 때 당신은 무슨 생각을 합니까?

   사람들이 교회에 오는 목적은 다양합니다. 예배하러 오는 사람, 마음의 근심을 달래기 위해 오는 사람, 친교를 위해 오는 사람, 아는 사람의 권유로 마지못해 오는 사람 등 다양한 필요를 가지고 교회에 옵니다. 교회에 들어설 때 우리는 어떤 기대를 하는지 나누어 봅시다.

2. 하나님께서 어떻게 믿지 않는 사람들을 신앙공동체를 통해 만나 주셨습니까?
   (39, 41절)

   이미 믿은 베드로, 사도, 지도자, 믿음의 사람들을 통해서,
   그러나 성령의 감동하심, 성령의 선물로 믿음을 가지게 됩니다.

3. 성경에 등장한 신앙공동체(가정, 교회, 공동체)를 통해 우리는 어떤 하나님을 만났습니까?

   신앙공동체 마다 하나님께서 세우신 이유와 목적이 있습니다.

   ### 아담과 하와
   하나님과 영적인 교제를 나누며 하나님이 지으신 낙원의 기쁨과 행복을 누리게 하심.

   ### 노아
   타락한 세상에서 거룩한 백성을 구하시고 인도하시는 하나님.

   ### 아브라함
   한 사람을 축복하심으로 그 사람을 통하여 온 세상에 하나님의 의와 거룩하심을 나타낼 백성을 얻는 꿈을 보여주신 하나님.

   ### 모세와 출애굽공동체
   죄는 징벌하시지만 죄인들을 향해서까지 자비와 긍휼을 베푸시는 하나님의 꿈을 보여주신 하나님.

   ### 초대교회
   잃은 영혼들을 구하기 원하시는 하나님.

4. 하나님을 만난 사람들은 어떤 반응을 보였습니까? (37-42절)

그들의 죄를 회개했습니다. 다른 말로 하면 하나님의 임재 앞에서 그들 스스로가 죄인이라는 것을 인식했고, 하나님께 용서를 빌만큼 하나님께 죄를 지었다는 것을 인식했다는 말입니다. 즉, 베드로가 전한 말씀으로 자기들 스스로에게 있는 죄를 볼 수 있을만큼 스스로의 마음의 생각과 태도, 그리고 생활을 되돌아 보았습니다.

> 초대교회 성도들은 말씀의 권위 앞에 두려워했다고 성경은 기록합니다. 여기에서 두려워했다는 말은 존경과 경외심이 가득한 모습을 뜻합니다. (사도행전 2:43)

5. 사람들은 언제 하나님의 말씀에 두려움을 갖게 됩니까? (43절)

초대교회 사람들이 가진 두려움은 막연한 공포가 아니라 말씀의 탁월한 권위 앞에 두려움을 갖게 된 것을 말합니다. 그 두려움은 진리의 말씀에 대한 존경과 경외심으로 이어졌습니다.

6. 말씀의 권위 가운데 하나님의 존재를 강하게 경험한 적이 있다면 나누어 봅시다.

하나님의 말씀이 크게 다가온 적이 있습니까? 말씀의 권위 앞에 무릎 꿇은 적이 있다면 그 경험을 나누어 봅니다.

7. 어떻게 하면 소그룹 모임을 통해서 하나님을 인격적으로 만나고, 그 말씀 앞에서 자신을 정직하게 되돌아보는 일이 일어날 수 있습니까?

기도가 필수적이며, 소그룹 모임의 목적을 수시로 반복해서 알려주는 것도 도움이 될 것입니다. 일반적으로 사람들은 자기 자신을 드러내어 놓고 다른 사람들과 영적인 깊은 대화를 하려고 하지 않기 때문에 이런 벽을 허무는 작업이 필요할 것입니다. 오랜 시간이 걸리기도 합니다. 소그룹 모임을 통해 말씀 앞에서 자신을 살피는 일이 일어나기 위해서는 먼저 소그룹 리더가 하나님의 말씀 앞에서 자기 자신을 깊이 살핌으로 하나님을 인격적으로 만나는 체험을 나눌 수 있어야 합니다. 말씀 앞에서 하나님을 만난 경험을 나누게되면 다른 멤버들도 그 경험을 사모하게 되고, 기대하게 됩니다.

> 하나님을 경험한 사람들은 하나님을 존경과 경외로 바라보는 사람들입니다. 하나님 말씀의 권위 앞에 무릎을 꿇으며, 열정으로 귀 기울이는 사람들에게 하나님은 말씀하시며 만나주십니다. 하나님은 성경공부, 설교, 교제와 기도 모임을 통해 성령의 임재하심을 경험하게 하십니다.

다듬으심

하나님은 당신을 변화시키기 위해 만나 주십니다. 하나님께서 우리를 변화시키시는 이유는 변화된 사람들을 통하여 하나님의 교회를 더욱 더 견고하게 세워나가기 위함입니다.

1. 하나님을 인격적으로 만난 사람들의 삶은 어떻게 변화하였습니까?
   사도행전 2:44-45을 읽고 답하십시오.

   믿는 사람이 다 (함께 있어) 모든 물건을 서로 (통용하고)
   또 재산과 소유를 (팔아) 각 사람의 필요를 따라 (나눠 주며)

2. 변화된 사람들의 삶은 초대교회에 어떤 영향을 미쳤습니까? (44-46절)

   삶이 나누어지는 공동체에는 희생이 함께 합니다. 내 것, 내 시간을 희생하고, 내 삶을 포기할 때 우리는 삶을 나누는 공동체가 되는 기쁨을 누리게 됩니다. 자신을 희생하므로 다른 사람과 하나되는 경험을 나누어 봅시다.

3. 이 시대의 교회와 소그룹이 초대교회 성도들과 같은 삶을 경험할 수 있는 방법은 무엇일까요?

   재산과 소유를 팔아 각 사람의 필요에 따라 나누는 것은 제도적 통제가 아닌 자발적 사랑의 표현이었습니다. 억지로 할 수 있는 것이 아닙니다. 나눔과 섬김의 사랑이 교회안에 기본적인 가치가 되어야 합니다. 물질중심적 삶의 가치로 둘러싸인 이 시대의 성도들이 초대교회와 같은 삶은 살지 못하더라도 구제와 선교를 통해 사랑의 정신을 다시 경험할 수 있습니다.

4. 어떻게 하면 초대교회의 변화가 당신의 소그룹(교회)에 어떻게 일어날 수 있겠습니까?

   사도들이 일심으로 기도했습니다 = 먼저 믿는 사람들의 열심있는 기도
   하나님께서 성령으로 충만케 하셨습니다 = 성령의 충만함을 간구
   담대하게 복음을 외쳤습니다 = 하나님 섬기는 삶을 담대하게 간증
   말씀들었던 사람들이 변화받았습니다 = 말씀을 끊임없이 들어야 하고 들려 주어야 합니다.

초대교회 성도들에게도 물질은 소중한 것이었습니다.
하지만, 그들은 물질보다 더 소중한 것을 발견하였기에 물질을 포기할 수 있었습니다.
그것은 예수 그리스도에 대한 소망이었고,
천국에 대한 열정이었습니다.
초대교회 성도들은 최초의 교회공동체로서
박해와 순교의 위협에 노출되었습니다.
그러나 그들은 종말론적 가치관으로
하루하루를 살았습니다.
주님 오실 날을 기다리며 살았기에
이 땅에서의 물질보다
더 귀한 영광의 날을 기약하며 살 수 있었습니다.

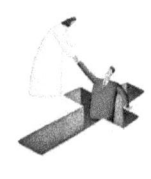 **들어쓰심**

오늘도 하나님은 교회를, 믿음의 사람들을 하나님나라를 위해 들어쓰기를 원하십니다. 소그룹리더들이 쓰임받기 위해서는 하나님과 한 마음을 품어야 하고, 신앙공동체의 사람들과 한 마음이 되어야 합니다.

1. 사도행전 2:46-47을 읽고 초대교회 신앙공동체의 모습을 설명하십시오.

   날마다 (마음을 같이하여) 성전에 (모이기를 힘쓰고) 집에서 떡을 떼며
   (기쁨과 순전한 마음)으로 음식을 (먹고) 하나님을 (찬미하며)
   또 온 백성에게 (칭송)을 받으니 주께서 구원 받는 사람을 (날마다 더하게)
   하시니라.

2. 마음을 같이 한다는 뜻은 무엇입니까?

   하나님 안에서 한 형제/자매가 되었습니다. 초대교회 성도들은 성령의 역사가운데 하나님의 뜻을
   구하므로 마음이 같아지는-하나가 되는 경험을 할 수 있었습니다. 하나님을 만난 감동으로,
   하나님을 사랑하는 마음으로, 하나님의 뜻을 이루어 드려야 한다는 뚜렷한 목적의식으로
   한 마음이 된 것입니다.

3. 교회에서 다른 생각을 가진 사람들과 어떻게 마음을 같이 할 수 있을까요?

   교회마다 생각을 모으는 방법을 가지고 있습니다. 회의나, 투표를 비롯해 신중하게 토의 할 수도
   있고, 함께 기도하므로 생각을 모을 수 있습니다. 생각이 다르다는 것은 나를 반대한다는 뜻이
   아니라는 사실을 분명히 해야 합니다. 생각의 다양성을 인정하는 포용성도 교회와 신앙인이
   가져야 되는 덕목 중 하나입니다.
   이를 통해 다른 사람을 인정하고 품을 때, 생각이 다른 사람과도 한 마음이 될 수 있습니다.

4. 세상에서 당신이 미워하는 사람과 한마음이 되기 위해서는 무엇을 내려놓아야
   합니까?

   내가 미워하는 사람은 모든게 밉게 느껴지게 되어 있습니다. 그런 사람과 한마음이 된다는 것은 정말
   힘든 일입니다. 그러기에 우리는 성령을 따라 내 마음을 먼저 내려 놓아야 합니다. 나를 내려놓지
   않으면 다른 사람과 한마음이 될 수 없습니다. 성령은 일치의 영이십니다. 사람이 사람과 하나되기는
   어렵지만, 사람마다 성령과 하나되려는 마음이 있을 때 성령 안에서 하나될 수 있습니다.

5. 당신의 소그룹 멤버들이 현재 교회를 섬기기 위해 희생하는 것은 무엇입니까?
   봉사를 위해 참여하기 힘든 이들에게는 어떤 어려움이 있습니까?

   소그룹은 이미 여러가지 모양으로 교회를 섬기고 있을 것입니다. 참여하기 힘든 소그룹멤버들이
   함께 봉사할 수 있도록 격려해야 합니다. 작은 일부터 시작할 수 있도록 격려해야 합니다.
   칭찬을 받기위해 세상의 기준에 따라서는 안됩니다. 교회와 성도로서 본질을 회복하고,
   신앙인으로 인정받아야 합니다.

교회는 성도들의 삶을 통해 '날마다'의 은혜를 경험해야 합니다.
날마다 마음을 같이하는 은혜,
날마다 부흥하는 은혜가 있어야 합니다.
오늘 여러분의 삶 가운데 새롭게 결단하는 마음이 있습니까?
날마다 새롭게 체험하는 하나님의 은혜가 있다면
그 은혜를 나누어야 합니다.
하나님은 여러분 마음 속에 주신 은혜로
하나님의 교회 세워가시기를 원하십니다.

삶의 현장에서

소그룹 리더는 교회가 부흥하고 새로운 믿음의 공동체를 세워가는 기초를 다지게 됩니다.

나무를 보면 성장의 신비를 발견할 수 있습니다. 제일 높은 곳에서 자라났던 윗가지도 해가 지나면서 밑으로 내려앉습니다. 그리고 그 윗자리에는 새로운 가지가 자리를 잡습니다. 어리다고, 새로 났다고 언제나 밑에서 떠받치라는 법이 없습니다. 오래된 가지는 아래로, 더 아래로 내려앉습니다. 그리고 한 단계 낮아질 때마다 나무는 그만큼 커가고 성장합니다. 교회도 마찬가지입니다. 새로 믿은 교우들, 새로 등록한 교우들이 윗가지가 되도록 오래된 교우들, 먼저 믿은 교우들이 밑가지 역할을 해야 합니다. 그렇지 못한 교회는 새로 온 사람들이 많은 무게를 견디지 못하여 부러질 수 밖에 없습니다. 당신이 속한 소그룹은 어떤 나무의 모습을 하고 있습니까? 우리 교회는 어떤 나무의 모습을 가지고 있습니까?

1. **당신이 알고 계신 우리 교회의 탄생 과정은 어떻습니까?**
   교회의 역사를 살펴보고, 이 교회로 인도하신 하나님의 섭리를 통해 은혜를 나누어 봅니다.

2. **당신은 교회에서 여러분은 밑가지 역할을 하고 계십니까? 아니면 아직도 윗가지에 머물러 있습니까?**
   성장하는 교회가 되기 위해서는 건강한 밑가지가 자리잡고, 위에는 새로운 윗가지들이 생겨야 합니다. 교회에 오래 다닌 성도들부터 겸손과 사랑으로 밑가지가 되고, 새로운 교우들은 겸손과 온유로 윗가지 역할을 하면서 건강히 성장하는 교회의 모습을 감당해야 합니다.

3. **밑가지가 된다는 것은 무슨 뜻인가요?**
   밑가지가 된다는 것은 묵묵히 겸손의 길을 걷겠다는 뜻입니다. 섬기며 봉사하며 예수님의 제자로서의 삶을 살겠다는 다짐입니다.

4. **밑가지의 역할은 무엇인가요?**
   밑가지는 지탱하는 역할을 합니다. 즉 다른 사람의 무게를 내가 감당하는 것입니다. 교회에서 밑가지는 다른 사람의 허물을 품는 역할입니다. 다른 사람이 설 수 있는 길을 열어 주는 것입니다. 또한 밑가지는 그늘을 만드는 역할도 합니다. 쉼을 누릴 수 있는 그늘이야말로 밑가지가 할 수 있는 은혜로운 역할이 될 것입니다.

Lesson 10
교회와 전도 2
Congregation & Evangelism 2

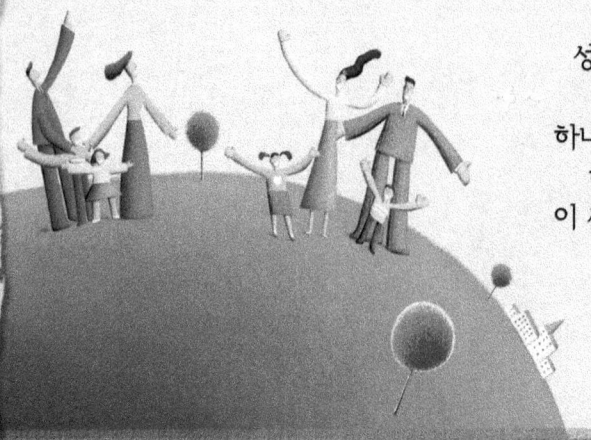

성경이 말하는 교회의 본질에 대해 공부하고, 교회의 모습을 살펴봅니다. 하나님의 부름을 받은 사람들의 모임인 교회가 하나님의 일을 감당하는 믿음의 공동체로서 이 세상에서 하나님의 은혜와 복음을 선포하고 하나님의 나라를 세우기 위한 예수 그리스도의 제자 양육의 사명에 대하여 배웁니다.

성경본문: 에베소서 2:11-22

 **먼저오심**

소그룹은 교회 안의 작은 교회라고 할 수 있습니다. 그래서 소그룹을 통한 전도가 어떻게 이루어지는지를 살펴보면서 교회를 섬기는 소그룹의 리더로서 어떻게 소그룹 멤버들과 함께 전도의 열매를 맺어갈 수 있는지를 살펴봅니다.

1. 당신으로 하여금 예수 그리스도를 구주로 모시도록 하기 위하여 하나님은 당신의 삶 속에서 어떤 일들을 하셨습니까?

    당신이 예수 그리스도를 믿기 전에 하나님께서 먼저 당신을 찾아 오셨다는 것을 짐작할 수 있도록 해 주는 사건들이 있습니다. 즉, 예수 믿는 친구를 사귀도록 해 주셨습니다,
    예수 믿는 사람과 결혼하도록 해 주셨습니다, 미국으로 이민을 오게 하셨습니다,
    고난중에 교회를 찾아 신앙으로 이기게 해 주셨습니다.

2. 하나님은 에베소 사람들을 구원하기 위하여 어떻게 그들을 먼저 찾아가 주셨습니까?
    (11-13절)

    이방인은 그리스도 밖에 있던 사람들입니다. (11-12절)
    그리스도 예수 안에서 그리스도의 피로 가까워졌습니다. (13절)
    누가 그리스도에 대해 전했습니까?
    이방인을 위한 선교를 준비했습니다. 바울을 보내어 주셨습니다.

> 교회를 향한 하나님의 뜻에는 변함이 없습니다. 하나되는 교회, 세상을 향해 열린 교회,
> 예수 그리스도의 증인 된 교회는 세상을 구원할 하나님의 뜻을 이루어 드립니다.

3. 그리스도 밖에 있던 사람들이 그리스도와 하나가 되는 방법은 무엇입니까? (13절)

그리스도의 피로 말미암아 그리스도 예수 안에 들어올 수 있게 되었습니다.

4. 중간에 막힌 담을 허무는 일은 누구의 일입니까? (14절) 그것은 무슨 뜻입니까? 막힌 담을 허물기 위해 당신이 한 일이 있습니까?

그것은 우리의 화평이신 예수 그리스도께서 하신 일입니다. 하나님과 원수되었던 사람들에게 은혜의 자리로 나오게 하였습니다. 유대인과 이방인으로 원수된 이들에게 복음으로 하나될 수 있는 가능성을 열어주셨습니다. 담을 허무는 일은 주님께서 하신 일입니다.

5. 에베소서는 우리를 성령 안에서 하나님의 거하실 처소라고 설명합니다. 성령 안에서 하나님의 거하실 처소가 되기 위해 우리는 무엇을 해야 합니까? (20-22절)

모퉁이돌인 예수님과 연결되어야 합니다. 20절
서로 연결되어야 합니다. 21절
예수 안에서 함께 지어져야 합니다. 22절

6. 교회 안에서도 하나가 되기 힘든 이유는 무엇입니까? 당신이 속한 소그룹은 어떻게 하나가 되었습니까? 그것이 쉽지 않은 이유는 무엇입니까?

그리스도의 피를 인정하고, 자신을 내려놓고 성령 안에서 함께 지어져 가려는 노력이 없으면 교회가 하나되기는 어렵습니다. 이외에도 육체에 사로잡힌 모습, 과거에 얽매여 있는 모습, 정욕과 교만의 모습 등도 교회가 하나되기 힘들게 만드는 요인입니다.

> 교회는 하나님 안에서 하나(일체성)되어, 세상의 모든 것을
> 사랑으로 받아들이며(보편성), 예수 그리스도의 삶과 고난,
> 부활에 대한 증인으로서의 역할(사도성)을 감당하는
> 거룩한 공동체(거룩성)입니다.
> 당신이 섬기는 소그룹도 하나님 안에서 하나가 되어,
> 모든 사람을 사랑으로 받아들이며, 그리스도의 증인으로
> 거룩한 공동체를 이루어 가야합니다.
> 이 사역을 위해 하나님께서 당신을 부르셨습니다.

 ## 만나주심

아무 관계가 없던 사람들을 불러 믿음의 공동체로 인도하신 하나님은 소그룹리더인 당신을 통하여 아직 예수를 모르는 사람들과 하나되는 꿈을 가지고 계십니다.

1. 사람들은 누구나 다른 사람을 통해 복음을 듣고 예수 그리스도를 만나는 자리에 초대받았습니다. 그 이후에 하나님은 어떻게 당신을 지속적으로 만나고 계십니까?

   교회를 통해, 예배를 통해, 기도, 영적 체험을 통해 우리는 하나님을 만나고 있습니다.

2. 소그룹 리더로서 하나님을 지속적으로 만나는 것은 얼마나 중요한 일입니까? 하나님을 지속적으로, 자주 만나기 위하여 어떤 노력을 하고 있습니까?

   사람을 지속적으로 사귀고 만나기 위해, 우리는 시간과 정성을 기울여야 합니다. 또 오해가 생기고, 문제가 있더라도 그것을 극복하기 위해 노력하고, 대화하고, 솔직하게 자신의 마음을 털어놓아야 지속적인 교제가 가능합니다. 하나님과의 교제, 관계의 성숙, 지속적인 만남도, 꾸준하고 솔직한 대화가 필요합니다.

3. 전도의 열매를 맺기 위해 소그룹 리더로서 당신에게 어떤 노력이 필요합니까?

   하나님과의 관계에서도 시간과 정성이 필요한 것 처럼, 영혼구원을 위한 전도노력에서도 시간과 정성이 필요합니다.
   전도대상자를 찾아야 합니다. 그를 위해 기도해야 합니다. 사랑을 표현해야 합니다.
   전도에 대한 열정 회복, 영혼구원에 대한 갈망, 소그룹 멤버들을 인도하는 지혜를 놓고 기도해야 합니다.

4. 당신이 처음 우리 교회에 방문한 후 교회의 등록교인이 되기까지 얼마의 시간이 걸렸습니까?

   교회공동체의 구성원이 되기로 결심했다는 것은 교회를 통해 맺어주신 형제 자매들과 하나가 되기로 결단했다는 의미입니다. 현재 출석하고 있는 교회의 교인이 되기를 결심한 동기와 과정을 나누어 봅시다.

5. 소그룹에 처음 방문하는 교우들의 마음은 어떨까요? 교회와 소그룹에 처음 참여하는 이들을 환영하기 위해 어떤 노력이 필요합니까?

   소그룹이나 교회를 처음 방문하는 사람들이나 초신자들에게 신앙공동체, 소그룹, 교회는 낯설고 서먹서먹한 공간입니다. 이들을 그리스도의 사랑 안에서 환영하고 맞이할 책임이 우리에게 있습니다.
   방문하는 분들을 환영하기 위해 어떤 노력을 기울이고 있습니까?
   주소, 전화번호 확인, 식사및 친교초대, 선물, 과자, 빵 등 전달,
   교회에 대한 자세한 정보, 긍정적인 소식을 전합니다.
   그 사람의 필요가 무엇인지 파악하여 그것을 돕습니다.

교회는 모두에게 열려있는 보편성이 있는 신앙공동체입니다.
사도신경에서 고백하는 거룩한 공회(Catholic)라는 단어가
어느 누구에게나 교회는 교회여야 한다는
보편성의 원리를 잘 말해줍니다.
이 단어가 천주교회의 카톨릭과 같이 쓰이기 때문에
다른 교회들은 공회라는 단어 대신 같은 의미의
유니버설(Universal-우주적)이라는 표현을 사용하기도 합니다.
교회는 특정한 계층, 인종, 문화적 배경을 가진 사람에게만
속한 것이 아니라 아무 차별이나 장벽없이
모두에게 열려있다는 뜻입니다.

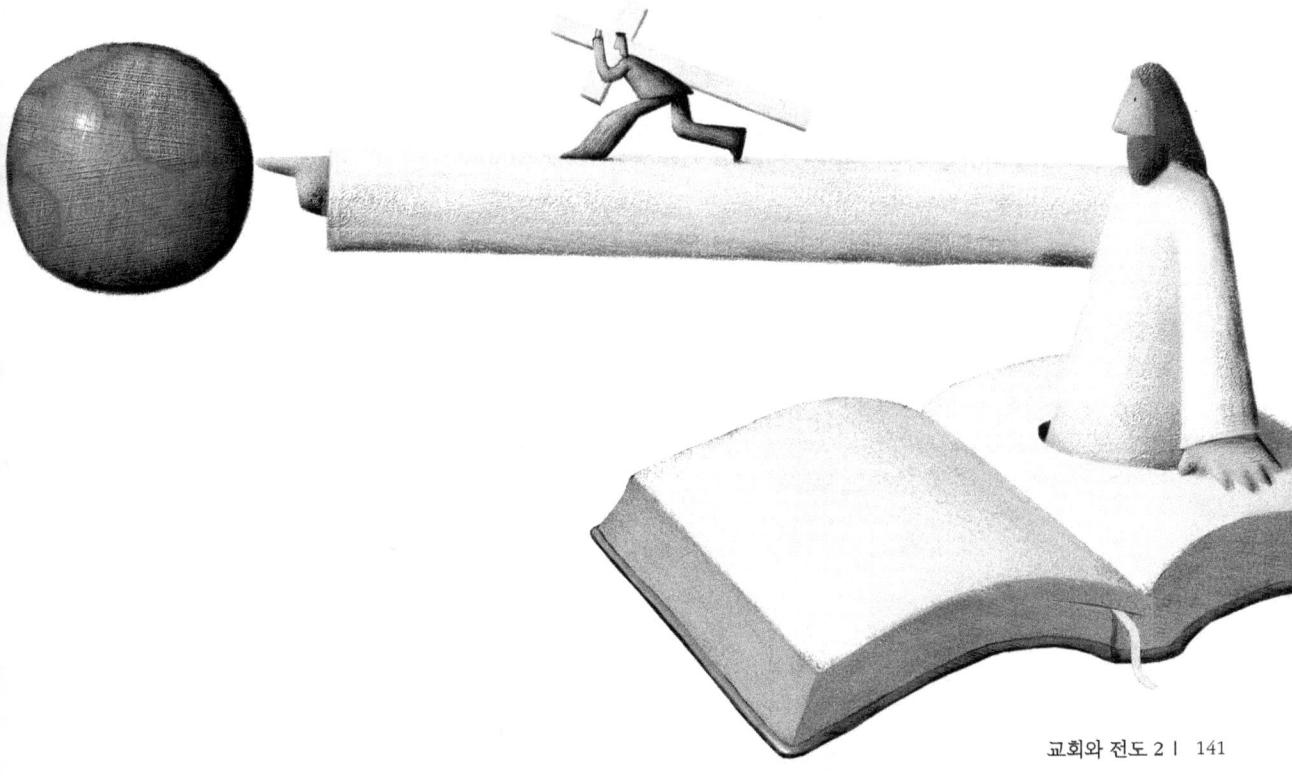

 ## 다듬으심

사도적 교회는 예수 그리스도의 삶과 고난, 죽음, 그리고 부활의 증인으로 살아가는 제자의 삶을 가르치고 배우는 교회입니다. 하나님께서는 소그룹 리더인 당신을 다듬어 예수 그리스도의 복음을 전하는 일꾼으로, 사도적 교회를 세우는데 사용하시길 원하십니다.

1. 바울은 교회를 건물에 비유하면서 새로운 신앙공동체의 일원이 된 사람들에게 누구와 누구의 터 위에 세우심을 입었다고 말하고 있습니까? (20절)

    사도들과 선지자들의 터 위에 - 교회는 신앙선조들의 믿음의 반석, 그 신앙고백위에 세워져 있습니다.

2. 사도들과 선지자들의 터 위에 교회가 세워졌지만 그리스도가 건물의 중심에 자리해야하는 이유는 무엇입니까? (21절)

    어떠한 희생과 사랑도 그리스도의 사랑과 비교될 수 없습니다. 교회의 중심에는 그리스도가 계시므로 그 안에서 성도들이 서로 연결되며, 그리스도의 말씀으로 우리는 서로 소통되어야 합니다. 또한 그리스도께서 모퉁이돌이 되어 건물의 기초를 분명하게 해 주십니다.

3. "너희도 성령 안에서 하나님이 거하실 처소가 되기 위하여 그리스도 예수 안에서 함께 지어져 가느니라"(22절)라는 구절에서 '함께 지어져 간다'는 것은 무엇을 뜻합니까?

    함께 하나님의 나라를 이루어가기 위해 지어진다는 의미로 해석할 수 있습니다. 또한 교회를 통해 하나님의 약속을 함께 이루어 간다는 의미로도 해석할 수 있습니다.

4. 하나님께서는 당신을 교회의 터로 사용하기를 원하십니다. 그렇게 쓰임받기 위해 하나님은 당신의 어떤 부분을 다듬고 계십니까? 당신이 하나님에 의하여 다듬어지기를 원하는 부분은 어떤 것입니까?

    사도들과 선지자들의 터 위에 (20절) 교회를 세우신 것은 그 사람들 위에 교회가 세워졌다는 뜻이 아니라 그들의 믿음의 반석, 신앙고백 위에 세워진 교회를 말합니다. 나의 믿음이 그런 반석이 되기를 원합니다. 반석과 같은 믿음을 위해서는 예수 그리스도가 나의 중심이어야 합니다.
    사람을 향한 기대가 많습니다. 실망하고 상처입고 돌아서곤 합니다. 내 인생의 기초는 오로지 주님 한 분이심을 고백하게 하옵소서.

5. 교회가 세워지고, 소그룹이 세워지는 이유는 예수 그리스도의 복음을 전하기
위함입니다. 하나님께서 당신의 소그룹을 통해 전도하기 원하는 분들은 누구입니까?

이미 믿는 소그룹 멤버들이 만나는 믿지 않는 사람들의 명단을 만들어 봅니다. 그중에 하나님께서 당신의 마음에 거룩한 부담으로 맡긴 사람은 누구입니까?

전도대상자 명단 만들기
(당신의 주변에서 아직 예수를 그리스도로 고백하지 않은 사람만 적을 수 있습니다)

▶ 내가 사랑하는 사람

▶ 내가 싫어하는 사람

▶ 나를 싫어하는 사람

▶ 도저히 용서가 안 되는 사람

▶ 이 중에서 당신이 가장 사랑하기 힘든 사람은 누구입니까?

6. 어떻게 하면 당신과 소그룹 멤버들이 주변에 있는 믿지 않는 사람들에게 효과적으로 복음을 전할 수 있을까요?

세상사람과 다르게 사는 모습을 보여주어야 합니다.
예수를 모르는 사람과 관계를 맺어야 합니다.
그를 위해 기도해 주고, 사랑해주고, 관심을 표명해야 합니다.
제자의 삶은 날마다 예수를 닮아가는 삶입니다.
예수를 닮고자 노력하는 사람 어떤 사람입니까?
나는 어떤 노력과 변화가 필요합니까?

교회는 예수 그리스도에 대한 고백과
증언의 기초 위에 사도적 전통을 계승해 오고 있습니다.
사도적 교회는 십자가를 자랑하는 교회입니다.
사도적 교회는 예수 그리스도의 부활을 증거하는 교회입니다.
사도적 교회는 나는 죽고 그리스도는 사는
증거를 보여주는 교회입니다.
사도들의 신앙과 믿음을 따라 세상에 복음을 전하고,
헌신과 열정으로 그리스도의 제자가 될 때
우리는 사도적 교회를 이루어갑니다.

들어쓰심

예수님은 12명의 제자들을 소그룹으로 초대하셔서 함께 기도하고, 배우고, 사역하면서 복음을 전하게 하셨습니다. 당신이 섬기는 소그룹이 어떻게 하나님께 들어쓰임을 받을 수 있는지 알아봅니다.

"전도인의 자세"에 대해 설명하고 있는 디모데후서 4:1-5(개역개정)을 읽으십시오.

1 하나님 앞과 살아 있는 자와 죽은 자를 심판하실 그리스도 예수 앞에서
그가 나타나실 것과 그의 나라를 두고 엄히 명하노니
2 너는 말씀을 전파하라 때를 얻든지 못 얻든지 항상 힘쓰라
범사에 오래 참음과 가르침으로 경책하며 경계하며 권하라
3 때가 이르리니 사람이 바른 교훈을 받지 아니하며
귀가 가려워서 자기의 사욕을 따를 스승을 많이 두고
4 또 그 귀를 진리에서 돌이켜 허탄한 이야기를 따르리라
5 그러나 너는 모든 일에 신중하여 고난을 받으며 전도자의 일을 하며
네 직무를 다하라

1. 사도 바울은 어떤 마음의 자세로 전도하라고 권면하고 있습니까? (2, 5절)
   때를 얻든지 못 얻든지 항상 힘쓰라. 2절
   범사에 오래 참음과 가르침으로 경책하며 경계하며 권하라. 2절
   모든 일에 신중하여 고난을 받으며 전도자의 일을 하라. 5절

2. 바울이 경고하고 있는 전도자가 사라진 시대의 모습은 어떠합니까? (3, 4절)
   바른 교훈을 받지 아니한다. 3절
   자기의 사욕을 따를 스승을 많이 둔다. 3절
   진리에서 벗어나 허탄한 이야기를 좇게 된다. 4절

3. 소그룹리더인 당신이 지금 해야 할 "전도인의 일"은 무엇입니까?
   내 안에 복음을 전하기 위해 힘쓰고 전파하는 모습이 있는지, 범사에 오래 참음으로 전하고 있는지,
   복음을 전하기 위해 어떤 불이익과 고난을 당하는지 살펴봅시다.

4. 전도에 대한 부담감이나 거부감을 가지고 있는 이들이 많습니다.
   여러분에게 있는 부정적인 느낌과 그 원인이 무엇인지 나누어 보십시오.

   전도를 가로막는 가장 큰 어려움은 실패에 대한 두려움일 것입니다. 복음을 전하는 자에게 실패는 없습니다. 전도인의 사명은 단지 전하는 일입니다. 복음을 들은 사람이 그것을 받아들이는 지의 여부는 성령님께서 하시는 일입니다.
   그 외에도 노방전도, 축호전도, 공공시설에서 전도행위에 대한 부정적인 인식도 있을 수 있습니다. 전도에 대한 자신이 경험담이나 느낌을 나누어 봅니다.

5. 예수님은 "내 증인이 되리라"(사도행전 1:8)고 말씀하십니다. '증인이 되라'는 뜻은 당신이 목격한 일과 상황을 진실되게 전하는 것입니다. 소그룹 리더 당신 삶의 현장에서 일어나고 있는 하나님의 일은 무엇입니까? 부활하신 주님을 만난 증거는 어디 있습니까?

   나와 관계가 없는 사람에게 일방적으로 예수를 믿으라고 전하는 것은 부작용을 가져오기도 합니다. 증인이 된다는 것은 일방적이고 일회적인 전도가 아니라 전도대상자와 관계를 맺고, 그에 따라 당신이 경험한 하나님의 일, 당신이 만난 하나님의 사람들에 대한 이야기를 전하는 것입니다.
   부활하신 주님을 만나기 전에 나의 삶은 이러했습니다.
   예수 그리스도를 구주로 인정하기 어려웠던 것은 이것입니다.
   예수를 만난 후 나의 삶은 이렇게 변화했습니다. 지금 나는 예수 없이 살 수 없습니다.
   위와 같은 주제로 믿음과 신앙의 경험을 나누는 것이 증언입니다.

전도는 예수의 제자들이 직접 체험한 살아계신 하나님을 전하는 일입니다.
전도하기에 앞서 우리는 예수 그리스도 안에 살아 계신 성령님을 체험하고,
하나님과 깊이있는 교제를 누려야 합니다.
하나님을 만난 사람의 체험을 간증하고 전할 때
전도의 문이 비로소 열리는 것을 경험할 수 있습니다.

로마서 10:13-15(개역개정)을 읽으십시오.

13 누구든지 주의 이름을 부르는 자는 구원을 받으리라
14 그런즉 그들이 믿지 아니하는 이를 어찌 부르리요
듣지도 못한 이를 어찌 믿으리요 전파하는 자가 없이 어찌 들으리요
15 보내심을 받지 아니하였으면 어찌 전파하리요
기록된 바 아름답도다 좋은 소식을 전하는 자들의 발이여 함과 같으니라

6. 어떤 사람이 구원을 받습니까? (13절)
성경은 주의 이름을 부르는 사람은 누구든지 구원을 받으리라고 분명하게 기록하고 있습니다. 누구든지 입니다. 이름을 부르면 됩니다. 믿음이 필요합니다.

7. 무엇이 아름답다고 했습니까? (15절) 이유는 무엇입니까?
좋은 소식을 전하는 자들의 발이 아름답다고 했습니다. 그 발은 다른 사람들이 가지 않는 곳을 가는 발걸음이기 때문입니다. 전파하는 사람의 발입니다. 보냄받은 사람의 발입니다.

8. 전도자는 믿지 않는 영혼에 대한 긍휼함으로 가슴이 뜨거운 사람입니다.
로마서 10:13-15을 다시 읽고 주위의 믿지 않는 영혼을 기억하십시오. 성령님의 인도하심에 따라 3명의 이름을 적고 기도하십시오. 한번에 한 사람씩 만나십시오. 한 사람씩 당신이 관심을 가지고 있음을, 예수 그리스도에 대해 이야기하고 싶어한다는 사실을 알 수 있도록 말하십시오.

"예수에 대해 어떻게 생각하시나요?"
"혹시 교회에 다녀보신 적이 있나요?"
"언제 커피 한잔 대접하고 싶어요"
"당신이 교회에 나올 수 있도록 기도하고 있어요."

당신이 영혼구원을 위해 기도할 사람
(1)
(2)
(3)

초대교회는
교회의 본질을 회복하므로 부흥하는 교회였습니다.
핍박과 박해를 두려워하기보다는
순교의 영광을 택한 교회였습니다.
그들에게는 사도적 권위와 전통성이 있었습니다.
말씀에 대한 진실한 응답이 있었습니다.
다른 사람들에 대한 책임감도 있었습니다.

우리가 놓치고 있는 것은 무엇입니까?
핍박과 박해 앞에 무릎을 꿇거나,
사도적 권위와 전통성을 포기한 채,
말씀에 대한 진실한 응답은 상실한 채
그저 부흥만을 바라보고 있지는 않습니까?
우리에게 필요한 것은 부흥의 날을 위해
먼저 교회의 본질을 회복하는 것입니다.

삶의 현장에서

영화 타이타닉이 상영된 후 미국의 한 여류 작가는 "타이타닉과 방광(Titanic & Bladder)"이라는 제목의 칼럼을 썼습니다. 이야기는 영화에서 시작하여 사람의 변화에 대한 내용으로 마무리됩니다.

영화는 세 시간 동안 많은 감동적인 장면을 보여주었습니다. 구명보트를 여자들과 어린이에게 양보하며 물 속으로 뛰어드는 남자들의 숭고한 희생과 사랑, 가라앉는 배 위에서 끝까지 음악을 연주하며 마지막 순간까지 예술혼을 불태웠던 연주자들의 헌신은 보는 이의 마음을 숙연케 했습니다.

영화가 끝나고 이 작가는 화장실로 달려갔습니다. 긴 시간의 영화가 끝난 직후라 많은 사람이 화장실 앞에 서 있었습니다. 모두가 초조하게 기다리고 있을 때, 한 젊은 엄마가 어린 딸을 앞세우고 사람들에게 양보를 청하며 앞으로 나아왔습니다.
"아이가 배가 아파요. 양보해 주실수 있나요?"
뒤에 서 있던 사람들이 모두 양보해 준 덕에 계속해서 앞자리로 나아오던 젊은 엄마와 어린아이를 앞에 서 있던 한 사람이 결국 가로막았습니다.
"아이 배가 아프면 병원에 갈 일이지 왜 새치기를 하려고 해요."
그 여인은 자신의 자리를 양보하지 않았고, 어린아이와 젊은 엄마는 더 이상 앞으로 나아갈 수 없었습니다.

그 장면을 목격한 칼럼니스트는 상황을 이렇게 표현했습니다. "사람들은 조금 전 장장 세 시간에 걸친 영화를 통해 삶과 죽음이 교차하는 상황 속에서 어린이와 노약자를 먼저 생각해야 한다는 인간적인 감동을 받았다. 하지만, 이들이 삶의 자리로 돌아왔을 때 이야기는 달라졌다. 사람이 아는 것과 행동하는 것은 별개의 문제다."

아는 것과 행하는 것의 문제는 타이타닉을 본 후 화장실에서만 나타나는 차이가 아닙니다. 바로 교회의 문을 나서는 순간 우리 모두에게 나타나는 문제입니다.
참된 교회, 참된 신앙인은 교회 문 안과 밖에서 차이가 없는 교회이며 신앙인입니다.
예배 시간과 예배가 끝난 이후의 삶에 차이가 없는 교회,
언제 어디서나 예수 그리스도의 제자로 사는 사람들이 모인 교회야말로 하나님이 바라는 교회의 모습입니다.

1. 부흥하고 있는 교회의 특징은 무엇이라고 생각하십니까?

   부흥하는 교회의 특징을 몇 가지로 간추리기는 쉽지 않습니다. 적합한 프로그램이나, 광고와 같은 외적인 부분, 목회자의 지도력이나 훈련된 성도들을 통해 부흥할 수도 있을 것입니다. 하지만, 가장 중요한 것은 교회가 교회됨을 회복할 때 갖는 힘이 부흥의 원동력이 된다는 사실입니다. 부흥하는 교회의 특징을 살피되, 교회의 본질이 어떻게 회복되고 있는지 살펴봅시다.

2. 당신이 속한 소그룹과 교회는 참다운 부흥을 위해 어떤 노력을 하고 있습니까?

   모든 교회와 소그룹이 부흥을 꿈꾸고, 또 부흥을 위해 노력합니다. 당신은 소그룹 리더로서 어떤 부흥을 꿈꾸며 노력하고 있습니까? 계획하고 준비하는 일들이 교회의 본질과 어떤 연관성을 갖고 있습니까?

3. 우리 교회와 소그룹이 참된 부흥을 경험하기 위해 꼭 필요한 것은 무엇입니까?

   기도가 필요합니다. 헌신이 필요합니다. 사랑과 용서가 필요합니다. 진리의 말씀, 생수의 강이 흐르는 꿈을 꾸어봅니다. 부흥하는 교회가 되기 위해 꼭 필요한 것이 무엇인지 성령의 도우심을 간구해 봅니다.

4. 우리 교회의 부흥을 위해서 당신이 지금 할 수 있는 일은 무엇입니까?

   성령님이 주신 지혜를 따라, 교회의 부흥을 위해 할 수 있는 일들을 구체적으로 살펴보고 모인 이들과 함께 결단합니다.

5. 부흥하기 위해 몸부림치는 것이 아니라 교회의 본질, 참 그리스도인의 모습을 회복하기 위해 결단의 시간이 필요합니다.
   이번 소그룹리더 훈련을 통해 깨달은 하나님의 음성을 함께 나눕시다.

개인과 우리 교회를 하나님 은혜의 통로로 삼으신 주님께 감사드리며, 함께 결단의 기도를 드립니다.

만나고 싶습니다
소그룹 리더 세우기

한인목회강화협의회; 박정찬, Mary Ann Swenson
소그룹사역 리더 훈련원: 정희수
소그룹 목회자료 개발위원회: 장학순
편집인: 류계환
개정판 자문: 김종일, 박성준, 윤국진, 한동수
초판 집필: 김돈식, 이성현, 이성호, 이창민, 정성호, 최성남

"만나고 싶습니다" 초판은 3년 동안 연합감리교회 총회 한인목회강화협의회 소그룹 목회자료 개발위원회의 수고와 집필진의 노력으로 태어났습니다. 2006년부터 준비해온 이 리더 훈련자료는 여러 교회에서 파일럿 프로젝트로 소그룹사역 리더훈련에 직접 사용되었습니다.
그렇게 준비되어 출간된 "만나고 싶습니다"는 2009년 가을부터 한인연합감리교회 목회자와 평신도를 위한 소그룹사역 리더훈련 교재로 사용되어 왔습니다. 그동안 미국 전역에서 진행된 훈련을 통해 250여명의 목회자와 1000여명의 평신도가 "만나고 싶습니다" 리더로 세워졌습니다. 또한 여러 교회와 목회자들이 직접 교재를 사용하면서 개정 작업의 필요성과 여러 제언을 주셨습니다. 이번 개정판 발행과 함께 영어판, 스페인어판 발행이 준비되고 있으며, 초판 영어판은 한인연합감리교회 영어회중에서 파일럿 프로젝트로 사용중에 있습니다. 새로운 시대를 이끌어갈 건강한 교회의 소그룹사역 리더훈련과 그들의 영적 성숙을 돕는 꿈이 이제 한인연합감리교회에서 여러 인종교회로, 미국에서 한국으로, 연합감리교회에서 다른 교단과 교회로 확산되고 있는 것은 전적으로 하나님의 은혜입니다.

그동안 "만나고싶습니다" 출간을 위해 도와주신 여러분께 감사드립니다. 출판기획부터 편집, 인쇄, 발행까지 모든 과정에서 자문역할을 해주신 연합감리교회 출판부 원달준 목사님, 초판 교열을 도운 최영실 전도사님, 개정판 작업에 처음부터 끝까지 참여해주신 뉴욕성서교회 김종일 목사님께 진심으로 감사드립니다. 그리고 편집디자인 작업으로 수고하신 아멘애드 편집실, 목회 현장에서 마음만 분주한 사람을 끝까지 격려하며 이 작업을 이끌어주신 한인목회강화협의회 장학순 목사님, 박수아 자매님께 고마운 마음을 전합니다. 그리고 남편과 아빠의 자리를 잘 지키지 못하는 개척교회 목사를 끝까지 사랑으로 감싸주는 아내, 아들, 딸을 동역자로 허락하신 하나님께 감사드립니다.

편집인

기쁨의 언덕으로…

한인연합감리교회 공동체가 함께 준비한
말씀묵상집 "기쁨의 언덕으로"가
이제 세상을 향해 나아갑니다.
하나님의 말씀에 목마른 신앙인들의 영성훈련과
건강한 소그룹 사역을 꿈꾸는 교회를 위해 준비된
이 말씀묵상 길잡이가
여러분 믿음의 여정에 동반자가 되길 바랍니다.

- 하나님의 은혜만 기대하는 말씀묵상집
- 하나님의 말씀, 성경통독을 이끌어가는 말씀묵상집
- 소그룹과 개인, 교회와 리더를 묶어 세우는 말씀묵상집
- 먼저오심, 만나주심, 다듬으심, 들어쓰심, 삶의 현장으로

한인연합감리교회 일천교회 캠페인
기쁨의 언덕으로 구독문의
호산나 미디어 Hosanna Media 담당자: 최천주 본부장
연락처: 714-879-5344   officeus@hosanna.net
기쁨의 언덕으로 편집부
3205 Pleasant Hill Rd,, Duluth, GA 30096
Tel: 678-381-1004   Fax: 678-381-0692
이메일: 1000church@gmail.com   홈페이지: www.L2mu.org

연합감리교회 총회
한인목회강화협의회

만나고 싶습니다
소그룹 사역 리더 훈련 문의

한인목회강화협의회
장학순 목사

주소: UM Council on Korean-American Ministries
General Board of Global Ministries [UMC 세계선교부]
475 Riverside Dr. Rm.342
New York, NY 10115

전화 212-870-3864
팩스 212-870-3932
이메일 pchang@gbgm-umc.org

www.ingramcontent.com/pod-product-compliance
Lightning Source LLC
LaVergne TN
LVHW061216060426
835507LV00016B/1955